# 新卒採用の常識を変える
# カレッジ型イベント

河本 英之
HIDEYUKI KAWAMOTO

金風舎

# はじめに

企業の将来を担う優秀な人材確保のため、新卒採用を行っている企業は少なくありません。

より良い人材に自社をアピールするために、採用サイトを充実させたり、各種新卒採用ナビサイトで広報をしたり、動画やパンフレットに予算を費やしたりしても、肝心の内定承諾率の向上にはつながらない、などといったお悩みを抱えていませんか。

広報媒体や説明会での直接的なコミュニケーションにより、学生の企業理解を深めることはできます。しかし、企業理解は志望度の向上にはつながりますが、承諾率の向上については、志望度向上ほどの効果は期待できないのが現実なのです。

なぜなら、学生は企業から発信される情報について、「自社にとって都合の良い情報ばかりを発信している」と考えており、ある程度差し引いて内容を受け止めているからです。そして、内定承諾は学生にとって自分の未来を選択する重要な「決断」ですが、「理解」のために必要な情報と「決断」のために必要な情報は違うことも往々にしてあるからなのです。

また、採用担当者の立場からすると、学生からの内定辞退連絡に、「なんで？」「まさか！」という心持ちになることも多いでしょう。

学生にとって、選考を受けている企業の採用担当者は友人でも家族でもありません。プライベートの悩みなど、かなり踏み込んだコミュニケーションが取れていたとしても、「選考に関係があるのではないか」という警戒心は完全に払拭できず、本音を引き出すことはなかなか難しいものです。

さらには、せっかく内定承諾そして入社したとしても3年も経たずに退職してしまうという、若手社員の定着率も悩みの種ではないでしょうか。ぶつかりがちな壁や、社会人として必要なマインドセットなど、新卒採用の選考時にはともすればネガティブに聞こえてしまう情報はあえて伝えないことも多いから出現する課題であり、新人の導入研修などでそうしたことを伝えたとしても「後だし感」はぬぐえず、退職を決断する理由として心の中に澱のように積もっていくケースも少なくないでしょう。

また、人事セクションはほとんどが少数精鋭状態であり、そこに新卒採用の通年化が忙しさに拍車をかけてしまい、「新しいことをしよう」、「課題を解決したい」と思っても目の前のタスクに忙殺されてなかなか手を出せない、といった状況ではないでしょうか。

そのようなお悩みを抱えている人事の皆様に、ぜひ検討していただきたいサービスがあります。それが、**「カレッジ型イベント」**です。

カレッジ型イベントは、新卒採用の専門家である私たちシーズアンドグロースが主催する、第三者的な立場から学生に向き合うイベントです。競合との差別化、学生が誤解を抱きやすい点などを考慮し、それぞれの**企業の課題（内定承諾率が低い、若手**

**が定着しない、採用競合にどうしても勝てない、など）に合わせて設計するイベント**です。これまでどうしても解決できなかった課題の克服に効果を表すなど、導入いただいたクライアントには好評をいただいております。

ポイントとしては、**「第三者である新卒採用の専門家が提供するイベント」**であることです。

社員が自社の選考イベントに登壇し、数字などの事実を使っていかに客観的に説明しようとも、学生からは「自社にとって有利になるように話している」とバイアスがかかった受け止められ方をしてしまいます。その点、新卒採用に特化した専門家である私たちが第三者的な立場から競合と自社を比較したり、企業の特徴を理解するためのフレームワークに沿って自社を解説したりするイベントは説得力があり、学生も素直に説明を受け入れてくれます。イベントにおける説明では、時には学生にとっての自社のマイナスポイントなど（転勤が多い、年収が競合と比べると劣る、大手との競合関係など）にも触れ、プラスに変換することも行います。そこでも、自社社員では伝えられないことや自社社員では出せない説得力を持った説明ができています。

また、イベントの質疑応答の時間などでは、イベント内容とは関係ない一般的な就職活動の悩みについての質問も受け付けており、そこでは学生の本音から発せられる質問も飛び交っています。自社の選考を受けている学生たちがどのような悩みを抱えているのかを知ることもできます。

何より、自社リソースを割くことなく開催できるイベントなので、マンパワー不足に悩まされることもありません。開催時期も、導入企業の課題に合わせてインターンシップ期・選考中・内定付与前後と様々なフェーズに合わせたイベントが既に実績として存在します。

インターンシップ、社員による面談、あるいはイベントの単純なアウトソーシング、そのいずれでもありませんが、それぞれの良いとこどりをしたようなサービス、それがカレッジ型イベントです。

本書では、**カレッジ型イベントとは何か、どのような効果が期待できるかを詳述するとともに、新卒採用のコンサルタントとして長年事業を続けてきた専門家としての**

**立場から、人事に携わる皆様への提言**をまとめさせていただきました。

この書が皆様の新卒採用活動のお役に少しでも立てば、これ以上の喜びはありません。

目次

## 新卒採用の常識を変えるカレッジ型イベント

# 第1章

# 事例：新卒採用の〝できない〟を〝できる〟にする、カレッジ型イベント

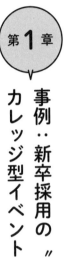

## 第2章 カレッジ型イベントの成り立ち、きっかけ

## 第3章

# なぜ、カレッジ型の外部講師イベントが必要・有用といえるのか？

第4章

# 新卒採用のプロだから答えられる「人事部の悩み」

# 第5章

# カレッジ型イベント導入ステップ

終章

## 「カレッジ型イベント」をより効果的にするために

巻頭
対談

# 「カレッジ型イベント」導入企業インタビュー／その効果と今後への期待

実際にカレッジ型イベントを導入した企業に、イベント導入の経緯や評価、今後目指していくことなどについてどうお考えか、直接お話を伺いました。対談形式で**お客様の生の声**をお伝えします。

1社目は、社員一人ひとりを会社の財産として成長を続けている中堅SIerのお客様です。

## 社員の成長が会社の成長。「カレッジ型イベント」は、5年、10年後を見据えた新卒採用施策となる

――学生自身に考えさせるのが、他の施策との違い

**河本**：貴社とのお付き合いは、ある人材総合サービス企業による紹介からのスタートでした。改めてにはなりますが、当時の新卒採用における貴社の課題はどんなものでしたか？

**担当R**：内定承諾率が芳しくありませんでした。当時の承諾率はだいたい4割くらいでした。なんとか承諾率を高めようと、人事をはじめとした採用メンバーや社内リク

ルーターによるフォロー、承諾の返事を保留している学生を集めて、役員から会社について話をしてもらうようなイベントを行うなど、考えられる施策はいろいろとやってみたのですが、なかなか結果に結びつけることができていませんでした。

承諾率が芳しくないため、ならば母集団を倍以上集めようとコストもパワーも費やしましたが、それでも結果に結びつかないとなると、採用に関わってくれる社員たちの士気にも影響が出てしまい、このままではいけない、何かいい方法はないものかと考えていました。

**河本：**貴社も従業員数で言えば1000人を超える規模ですが、業界には単体で1万人を超える超大手も存在します。そういった企業との競合で、なかなか勝てない場面が多いような状態だったのではないかな、とお手伝いさせていただく前は推測していました。

それでも、より良い人材を獲得することをあきらめないのが貴社のスタンスで、弊社としても何とかその想いにお応えしたいと思い、提案させていただいたのが**カレッ**

**ジ型イベントの「企業理解系（成長編）」と「自己理解系（決断編）」**でした。どのあたりをご評価いただいたのでしょうか。

**担当R：**学生自身に考えさせる、というところがそれまでの他の施策にない魅力だと感じました。周りの人からの影響で内定を承諾した学生は入社した後に「やっぱり自分が思っていたものと違う」と早々に退社してしまうことも多く、そのような状況を未然に防ぐこともできるのではないかと思えました。

　自分で考えて決める、ということを促すことがカレッジ型イベントの趣意なら、入社早々に退職してしまうような〝不幸なキャリア〟を減らし、定着率の向上にも寄与すると考えました。

**河本：**内定承諾率の向上だけではなく、入社後の定着も目指されていたのですね。

**担当R：**そうですね、当社は**新卒採用活動を〝学生本位〟**で進め、納得して入社してもらうことを目指していますし、採用してしまえばそれで終わり、とは考えていません。入社後は配属先でのフォローアップがメインとはなりますが、人事部門としては少なくとも新卒で入社した社員が5年目になるくらいまでは、その成長や活躍をサポートしたいと考えています。

**河本：**5年目、というと自立できるくらいのキャリアでしょうか。貴社で言う「一人前」とは、どんなレベルでしょうか。

**担当R：**まさに自立そのもので、「自分はこうしたい」「この件はこうすべきではないか」というのを、自分で考えて自分で動けるようになったら一人前ですね。そういう意味では「自律」のほうが近いかもしれません。超大手の会社と比べると社員数はそこまで多くない会社なので、逆に自らの意思をスピード感をもって実現できる環境にあることから、自律的に動ける人でないと仕事を楽しめないと思います。

**河本：**貴社は学生の数をとにかく集めよう、何が何でも入社させようというのではなく、やりたいことやキャリア観などが貴社とマッチしない学生とは〝幸せな別れ〟があってもいい、という方針でしたね。

企業理解系（成長編）で貴社を一定の軸や競合との比較の末に深く理解し、自分のキャリア観を踏まえて決断したうえでの結論を尊重すると。決断した人材を、若手のうちはしっかりとコミュニケーションを取って育成していくのですね。

イベントそのものへの評価はいかがでしょうか。

## ――講師が第三者的に話すことのメリット

**担当N：**一人ひとりの学生が自分のこれまでの経験を棚卸しし、〝**自分で考える**〟**ようなワーク**の進め方をしているところが良いと思いました。当社のカレッジ型イベントはそこまで大人数の学生を集めるわけではないので、どちらかというと大勢の学生への働きかけというよりは、講師との対話など1対1でのコミュニケーションの質を重視しています。

**河本：**貴社のイベントに参加してくる学生は取り組み姿勢がとても真剣で、こちらとしてもやりがいを感じながら進めています。

**担当N：**単にイベント任せではなく、コミュニケーションをきちんと取れている学生に対して、随時イベント参加を呼び掛けているからかもしれませんね。

**担当T**：私が一番良いと感じた点は、講師が第三者的に話してくれるところですね。これまでの採用イベントでは当社の社員が当社の説明をしていて、その内容はもちろん間違ってはいないのですが、説明を聞いても最終的に当社ではなく他社を選ぶ学生はいたわけです。

つまり、我々社員は自社の環境しか経験したことがない人が多く、他社と比較して自社のどんなところが優れているのか、という説明を明確に伝えられていなかった可能性がありました。その点、**第三者が一定の軸をもって業界の超大手の会社と当社を比較し、当社の良いところを伝えてくれる**ことは、学生にとって偏った伝え方にならないため学生も素直に受けて止めてくれます。

また、我々の採用において競合となっている外資系コンサルや超大手SIerはビジネスにおいても競合先となっており、そうした企業を相手に勝ち続けていくのであれば〝**人財**〟**採用**においても競合を超えられるようなやり方を取り入れていくことが必要です。そのために新しい手法を導入することを決断したのですが、その期待を超える効果が現れた、というのが私の印象です。

**河本**：とてもうれしい評価をありがとうございます。

イベントの最後では質疑応答を受け付けておりまして、そこでは企業主催の選考やイベントではなかなか聞きづらいような質問もたくさん寄せられます。質問した学生の名前を伏せる形で質疑応答の内容は報告させていただいておりますが、その内容についてはいかがでしょうか。

**担当R**：選考を受けている企業に対して聞きづらい質問というのはやはりあるんだな、と感じました。我々も学生に「どんなことを聞いてもいい、選考には関係ない」と伝えたうえで質問を受け付けているのですが、なかなか素直に受け止めてもらえないのが現実です。

ですからイベントで出てくる学生の本音の質問はとても参考になります。「ああ、こういうことを悩んでいるんだな」ということを知れる重要な情報源にもなっています。

**河本：**質疑応答の内容で、学生とのコミュニケーションに活かせたものは何かありますか？

**担当N：**学生からの質問に対して「こういう答え方もあるのか」と勉強になるケースが多くあります。

例えばよくある状況として、学生が親から「有名企業や大手企業に行きなさい、安定性が大事だ」と言われると、どうしてもそちらを選択してしまいがちなのですが、イベントでの質疑応答で講師の方がそのような質問（親から「安定している超大手を選べ」と言われているがどうしたらいいか、のような質問）に対して「実際に働くのは（親ではなく）あなた自身だよね、だからあなた自身が決めるべきだ」というような回答をされていて、参考にさせていただいています。

**河本**：確かに、そんな質疑応答がありましたね。「本当の親孝行ってなんだろう」という話や、「親を説得すること自体がナンセンスだ」みたいなことを言った記憶があります。

**担当T**：あと回答の最後の後押しとして、「入社することで親を喜ばせるのではなく、入社した後（のあなたが働いている姿で）、親を喜ばせることが大事」みたいなお話は、そのまま使わせていただいています。

**河本**：そうですか、とてもうれしいです。

カレッジ型イベント導入前の23卒の世代と、今内定を承諾している状態で入社の日を待っている24卒の世代（取材は２０２３年12月実施）では、何か評価などで違いはありましたか。

**担当R**：当社の選考フローでは、１次選考で採用課の社員が面接官となり、２次は現場の部長・課長クラスが面接官、３次で役員と人事が面接官を務めています。３次の前に自己理解系（決断編）のイベントを導入しましたが、３次の面接官からは「（志望動機をはじめなぜ当社なのかなど）学生の発言がしっかりしている、考えが整理されている」という評価でした。

# カレッジ型イベント実施スケジュール

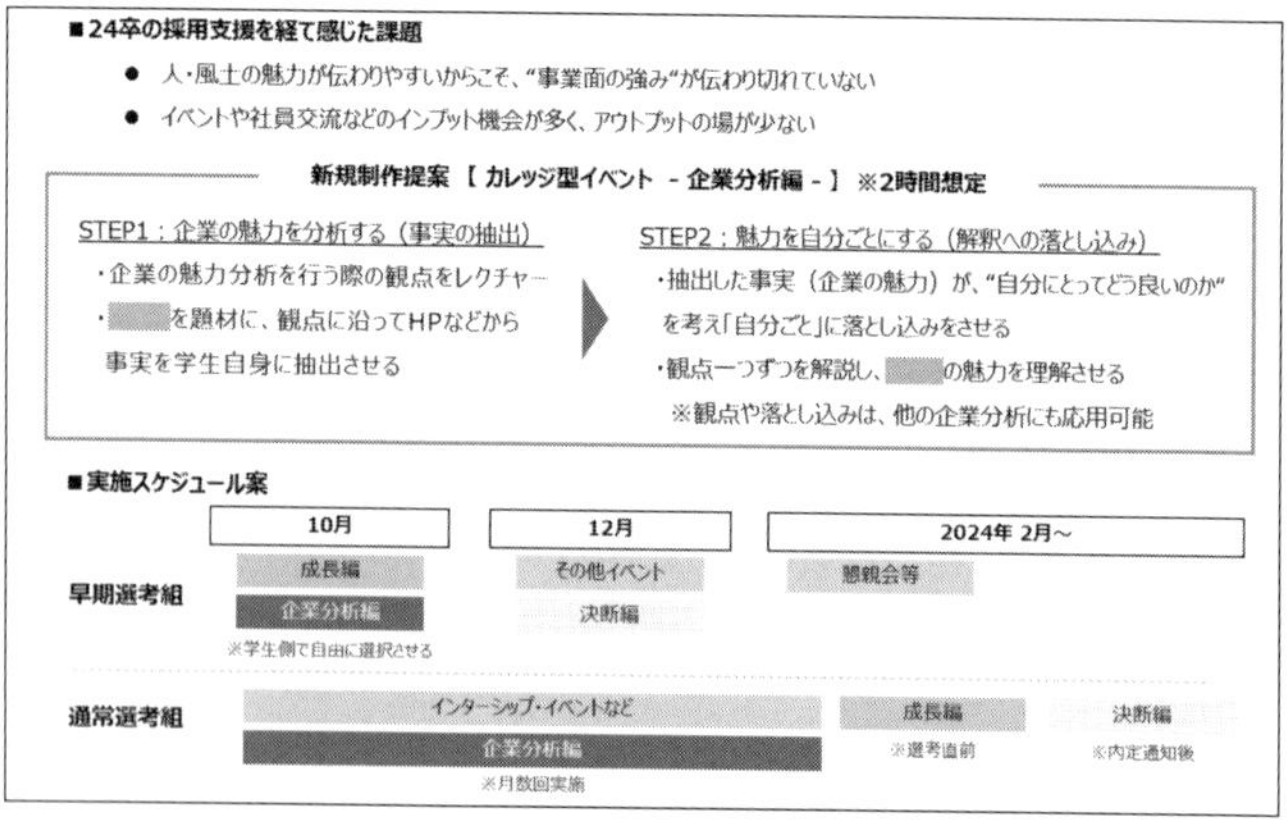

■24卒の採用支援を経て感じた課題
● 人・風土の魅力が伝わりやすいからこそ、"事業面の強み"が伝わり切れていない
● イベントや社員交流などのインプット機会が多く、アウトプットの場が少ない
新規制作提案 【カレッジ型イベント - 企業分析編 - 】 ※2時間想定
STEP1：企業の魅力を分析する（事実の抽出）
・企業の魅力分析を行う際の観点をレクチャー
・[redacted]を題材に、観点に沿ってHPなどから
事実を学生自身に抽出させる
STEP2：魅力を自分ごとにする（解釈への落とし込み）
・抽出した事実（企業の魅力）が、"自分にとってどう良いのか"
を考え「自分ごと」に落とし込みをさせる
・観点一つずつを解説し、[redacted]の魅力を理解させる
※観点や落とし込みは、他の企業分析にも応用可能
■実施スケジュール案
10月
12月
2024年 2月～
早期選考組
成長編
企業分析編
※学生側で自由に選択させる
その他イベント
決断編
懇親会等
通常選考組
インターンシップ・イベントなど
企業分析編
※月数回実施
成長編
※選考直前
決断編
※内定通知後

**担当T**：これまでは3次選考の前にイベントを入れるということをやっていなかったので、学生は面接官あるいは採用担当としか接点と持っていなかった状態でした。3次選考前にはカレッジ型イベントに参加した学生かどうかを確認して接点を持っていますが、**参加した学生は〝企業選びの軸〟や〝自分が将来、何を大切にして働いていくのか〟についてしっかり考えられている学生が多かった**ですね。比較の軸を学ぶ、まさにカレッジ型イベントのネーミングの通りだと思いました。

**河本**：イベントのネーミングの意味については提案の際に説明させていただきましたね。

**担当T**：イベント導入前は、例えば学生はホームページを見てこの点が良いと思った、のような志望動機の説明の仕方だったのですが、カレッジ型イベントに参加した学生は、〝他社と比べてこの点が良い〟といった、イベントで学んだ軸で論理的に言えるようになっていますし、自分の言葉で話せるようにもなっています。説明もわかりや

すく、きちんと考えられているなと感じました。

**――承諾率向上に加えて実感した効果**

**河本**：実際、24卒採用の効果自体はいかがでしたか？

**担当R**：承諾率は上がりました。ただ、「イベントに参加したことで、こういう点から自分はここに入社したい」という学生もいれば、「イベントに参加した結果、自分は他社を選ぶことにした」という学生もいて、承諾率に関してのみお伝えすると著しい成果とまではいかなかったかもしれません。

ですが、当社の価値観や環境に合わない学生が入社しても早期に退職してしまう可能性は拭えませんので、当社で活躍いただける方を採用するという本来の目的に向けては効果的だったと考えています。

承諾者全員と面談をしていますが、承諾理由をきちんと語れる人が多いですし、納得して入社を決めているなと感じます。

**担当T**：承諾率向上もそうですが、**入社意思の濃さ**、入社意思や入社してから何をしたいのかについての明確さが上がったと感じます。早くから活躍できそうと思える学生が増えました。

**河本**：そのことも、貴社が学生としっかりコミュニケーションを取れているからこそわかることですね。

**担当T**：普段から若手社員に対して、育成や定着のためにチームでコミュニケーションを取っている私たちからしますと、いつもの動き方を学生に対しても同じように行っている、ということになるでしょうか。
それが学生に対して「入社してからもしっかりコミュニケーションを取ってくれる会社である」という安心感につながっているなら良いことですね。

**河本**：新卒採用の実務では人事だけではなく、例えばリクルーターとして現場の社員の協力を仰ぐようなケースもあろうかと思います。現場と人事の関係性や現場の社員が人事業務に協力することに対しての現場の受け止め方などは、どんな感じでしょうか。

**担当T**：現場とのコミュニケーションは取れていますし、現場の社員全員とは言えませんが概ね理解があり、協力が得られやすい環境だと思います。というのも私を含め担当者2人は現場のエンジニア出身ですから現場で働いている社員の気持ちがわかるため、どういう働きかけ方を現場に対して行うべきかを知っているつもりです。またエンジニア時代に築き上げた関係性もあります。

経営陣をはじめ私たちのような存在を人事に配置していることから、当社が会社として人事と現場の間に協力的な関係を作ろうとしているのかも、とも感じます。エンジニア視点で学生と話せる存在を常に人事においている、というところは採用上の有利な点とも言えますね。

## ——新卒採用活動を通じて、エンジニアのヒューマンスキルを上げる

**河本**：25卒の採用に向けては、また新たな取り組みに着手されますね。

**担当T**：25卒の採用に向けてはリクルーターを全社で200人起用し、それとはまた別に「現場代表社員」という現場のエース級が6人ほど採用業務専属という形で協力してくれます。現場代表社員は採用課の社員として1次選考を担当します。こういう事業をやっているという単なる会社紹介というより、入社したらこんな仕事に取り組んでいく、こんなキャリアをエンジニアとして歩んでいるという内容のコミュニケーションを学生と取れる状態を目指しています。現場代表社員やリクルーターの研修も、シーズアンドグロースさんにお願いしています。

**河本**：リクルーター研修に関しては、以前は他の業者のサービスをご利用されておられましたが、25卒からはコストも従来のサービスより割高な当社のサービス導入を決

断されました。その背景などをお聞かせください。

**担当T：** 現場でのビジネスもやりながら採用活動もやるとなると、どうしても現場のビジネスを優先してしまいます。採用活動への協力によって、参加した社員一人ひとりのスキルアップがはかれるとなれば、より協力が得やすくなるはずです。

なので、社員向けにアレンジしたカレッジ型イベントを通じて、他社との比較の中から自社の強みへの理解を深め、それを現場でのビジネスでも活かしてほしいと考えたからです。そのため採用活動での経験が、その後のエンジニアとしてのビジネス提供の際に、他社企業との差別化ポイントをお客様に訴求することができれば、ビジネス上での相乗効果も生まれてくると考えています。

加えて、採用活動を経験することで一人ひとりの社員のヒューマンスキルも向上させていくことも狙いのうちに入っています。

**河本：** 学生とのコミュニケーションを通じて、プレゼンテーション能力や聞く力などは磨かれていきそうですね。

ところで、貴社とのお付き合いの中では、人事の皆様のモチベーションの高さを感じる瞬間をいろいろな局面で感じます。モチベーションはどんなところから生まれているのでしょうか。

**担当T**：良い人財を採用し育成していくことで競合に勝てる体制を作っていきたいという想いがあるからでしょうか。

エンジニアとして、現場でのビジネスを経験しているからこそそういう視点を持てているのだと思います。また個人的には以前経営企画にも携わり、中期経営計画の策定に関わったことも影響しているのではないかと思います。

**担当R**：**社員の成長が会社の成長であり、新卒採用はその入り口と言っていい活動**ですし、新卒は特に会社の文化を作っていく上で中心的な存在と言えます。会社の5年後10年後を考えたうえでどのような人財が必要なのか、を社員なら誰もが考えられるような風土を作っていけたら、と思っています。

**河本**：人事担当をされている方々の中では、やりたいことがあってもなかなか予算が取れず、もやもやしている方もいるのではないかと思いますが、貴社のそのあたりの事情はいかがでしょうか。

**担当T**：会社の人数規模もあるかとは思いますが、当社は上下の関係性をはじめ垣根が低く、いろいろと相談がしやすく風通しのいい会社だと思います。やりたいことがあればその案をまずは聞いてみるという文化がありますし、提案を煙たがる経営陣もいません。また私は経営企画にいたこともあり、今の中期経営計画の立案全般にも関わり、そこで最重要の経営課題の1つとして採用を掲げました。そういう意味だと、今の状況は、自分で掲げた中期経営企画を自分で実施しているいわゆる「一人キャッチボール」のような状態で（笑）。

とにかく、想いや決断の理由がしっかりあれば、提案を上げることに支障はない会社です。

## ——最新の学生の動向や、他社の施策を取り入れていく

**河本：**様々な人材サービス企業とのお付き合いがあるかと思いますが、私たちシーズアンドグロースをどのような存在だとお考えでしょうか。

**担当R：伴走者**、だと思います。一緒に隣で走ってくれるような。一緒に走っていて、困ったら水を差し出してくれるような（笑）。

**担当N：**一番思うことが、求めているんだけどなかなか言語化できない困りごとなどをとりとめもなく相談すると、次の打ち合わせの資料でそれがしっかり言語化されていて、思わず「それそれ！　そういうことなんです」って思うことが多いんですよ。

**担当T**：確かに。講演資料が毎回ものすごくわかりやすくて、情報量が多くても要点がしっかり押さえられてる。リクルーター研修の打ち合わせの際はなかなか時間が取れなくて、要望が整理できていない状態で立案をお願いしてしまったんですが、次の打ち合わせで出てきたスライドが「これこれ！」って内容で……、我々の想いの種を芽吹かせてくれて、「ああ、（シーズアンドグロースの）社名につながるな」なんて思いました。

**河本**：いやあうれしいですね！　そんなことを言っていただいたことは今までないで

すね（笑）。当社のメンバーもみんな喜ぶと思います。今後の私共に期待することはどんなことでしょうか。

**担当R：**そうですね、企業の中で採用活動を検討・実施していると、視点がどうしても「当社の将来のためにどうすべきなのか」という企業寄りのものになってしまいます。それは学生側からすると必ずしも望ましいものばかりではないと思うのです。ですから、ぜひ学生視点で取り入れたほうがよい施策や市況感、取り入れたほうがよい取り組みなどがあればアドバイスをいただきたいです。

**担当T：**「こっちだよ」と先導するような役割にも期待しています。学生の動向や、他社の施策で学生に好評なものなどをぜひ提案いただき、伴走しながらも一歩前で牽引してもらえたらと思っています。

**担当R：**年々採用市場の動向は変わっていきます。5年前の採用と同じやり方を続ける、ということでは結果が出せなくなってきています。どんな人財が必要か、集まった人財の中からどのような人を採用すべきかを見極めるのは私たち企業人事の役割ですが、大きなトレンドの動向など、市場全体を俯瞰したアドバイスを期待したいですね。

**担当T：**具体的な施策で言えば、例えばカレッジ型イベントにおけるフォローアップの切り口で、研修やイベントを入社前にも一度導入してもいいのではないかと考えています。入社するまでの間、内定者は不安になる瞬間があるもので、そういう時に「自分の決断は正しかったんだ」「他の人はこんな動機で入社を決めたのか」などということが知れたりすると、入社に向けたモチベーションがグッと上がるのではないでしょうか。入社前までに実施いただいたイベントと連動する形で開催ができると、よりその時の決断を確かなものにすることができ、さらなる長期活躍・早期定着を見込めるのではないかと考えています。

飲食チェーンを経営されている、飲食サービス業界の大手企業様にお話を伺いました。

## 経営戦略＝人事戦略。採用を通じて会社を変える

**――内定承諾率、母集団の質的変化が課題だった**

**河本：**貴社とのお付き合いは、ある人材サービス会社から「採用ブランディングを検討したい」というご要望をお持ちである、という形での紹介をいただいたことがスタートでした。

改めてにはなりますが、当時の新卒採用における貴社の課題はどんなものでしたか？

**担当：**コロナ禍に直面したことで人材採用の人数を大幅に絞り、２０２３卒シーズンの新卒採用のタイミングではコロナ禍も収束の見通しが立ってきたことから採用人数をコロナ禍以前の水準に戻すこととなりました。

実際に23シーズン新卒採用を実施してみたところ、採用の環境が大きく変化しており、もともと**50%前後だった内定承諾率が30%台**にまで落ち込んでしまいました。これを何とか改善せねばならない、というのが1つ目の課題でした。

一方、これはコロナ以前から継続している課題なのですが、母集団の中身の問題があります。当社の新卒採用における母集団は女子学生が8~9割を占める状態でした。また当社を志望する動機として「お客様と接する仕事がしたい」など、当社がサービスの要素の柱として掲げている〝ホスピタリティ〟に共感・好感を持って集まってくださる学生が圧倒的に多かったことです。

もちろん、そうした動機で関心を寄せてくださることはありがたいことではあるのですが、今後の人材戦略の方針から我々としては「経営に携わることに興味・関心がある」「新しいことにチャレンジしたい」という方にもっとたくさん集まってほしい、と考えていました。**母集団の質的変化**、これが2つ目の課題でした。

**河本：**業界全体として母集団を集めにくいという課題を抱えておられます。その中において貴社はブランドの認知度や好感度が高く、皮肉にもそれが母集団の質に影響してしまっていた、ということですね。

しかし、驚いたのは貴社の決断のスピードでした。2回目のお打合せの時には、もう導入がほぼ決定というような状況でした。どのあたりを評価いただいたのでしょうか。

**担当：**まず好感を持ったのが河本さんの姿勢、あるいはマインドといったあたりでした。イベントやサービスの提供だけではなく〝**伴走**〟してくれる、と思えたことでした。

立場上、一通りの人材サービス企業やコンサルティング会社からの提案は受けてきましたが、寄り添って伴走してくれると思えたシーズアンドグロースさんの姿勢を信じることができたため、提案を具体的に進めようと思いました。

もうひとつは**実績の豊富さ**です。その中から、当社と似た課題を抱えておられた企業の事例を具体的に説明いただき、「これなら当社でも結果が出せるのではないか」と思えたことが影響しました。

提案いただいた施策も、当社の課題を解決できるものと思える適切なものだったので、まずは一度試してみようと思い、導入を決断しました。

**河本：**説明申し上げたのは日本を代表するホテルチェーンでの取り組み事例でした。

**担当：**そうでしたね。事例の企業様は当社と似たような課題を抱えておられますし、その課題に対してのアプローチや解決に向けてのストーリーなどを丁寧に説明いただいたことは、決断に大きな影響がありましたね。

## ――社外の力も借り、採用を改革する

**河本**：そのような流れで、まずは24卒シーズンからカレッジ型イベントの一部を導入いただきました。効果などについてはどのようなご評価でしたでしょうか。

**担当**：私としては、導入タイミングは24卒採用が既に進行していたこともあり、今期はまず1回体験してみよう、という思いで本格的には25卒シーズンからと考えていました。ですので24卒での実施に関しては、「(イベントの実施は)こんな感じなんだな」とつかめたことが収穫でした。

採用については非常に大きな危機感を感じていまして、課題も短期的な解決を求めるのではなく、時間と手間をかけて採用を大きく改革することで根本的な解決をはかろうと考えていました。中長期的に見て、新卒採用の環境が良くなるとは思えませんでした。そのような中、社内で課題を解決しようとしても知見は限られています。ですので、社外のノウハウや知識をお借りして、課題の解決をはかろうと考えました。

だからこそ、シーズアンドグロースさんの伴走する、寄り添う姿勢に好感を覚えたわけです。

**河本：**貴社における「採用の危機感」とは、どのようなものだったのでしょうか。

**担当：**まず、現場で働く人材が枯渇状態、という点が挙げられます。これは10年ほどのスパンで考えていかなければいけない課題で、今年入社した人材を10年後に現場で店長を任せられる中核的存在に育てていく、というような解決のやり方になっていきます。

もうひとつは、当社は設立から70年ほど（取材は２０２３年12月に実施）の企業ですが、百年企業を目指すことを考えた場合、30年ほど後に経営のかじ取りをしてゆく人材を獲得しなければならない、という課題があります。

というのも、２０００年代に数年間、新卒採用をストップしていた時期があり、その影響で現在当社には30代～40代の人材が少なくなっています。その世代を中途採用などでお迎えしたとしても、30年後の社員の世代構成を考えると、今から新卒採用に注力しておかないと、30年後を迎えられない可能性があるのです。つまり、現在行っている新卒採用は、30年後に経営幹部になってくれることを期待してのものなのです。

**河本：**新卒採用をストップしていた期間があり、現在の人材の世代構成があるからこそ、経営陣を含めて採用に危機感を共有している、ということですね。また、求める人物像が挑戦・統率型であり、それが直近で実施されたイベントにも反映されている背景が改めてわかりました。

現在進行中の25卒新卒採用ですが、どのようなことを実現したいとお考えでしょうか。

**担当：**冒頭に申し上げた採用上の課題に、一通りの成果を残したいと思っています。特に母集団の質の課題、ここは確実に成果を残したいですね。

25卒向けの早期イベントは夏にインターンシップを行いましたが、今のところやはり女性が多く、24卒と比較しても集客には苦戦しています。

**河本：**業界全体が集客、母集団形成に苦労する中、他社では初任給を上げたり、全国転勤なしと謳ったりと、比較的目先の解決策を打ち出しています。貴社に関しては、働き方改革を行い、かなり労働環境が改善されているにも関わらず、業界特有の激務イメージや土日が休めないという先入観の払拭がまだ完全には出来ていない状況です。ただ私は、そうした先入観は貴社には全く当てはまらないことを知っていますので、解決の切り口はあると考えています。

今後のお付き合いにあたって、貴社が私共に期待されていることはどんなことでしょうか。

**担当：**シーズアンドグロースさんのサービスの導入を決断した際と変わらず、これからも「伴走」してくれることを期待しています。先に申し上げた通り、社内には採用における知見もリソースも限られていますので、内製ですべてを進めていくつもりはありません。うまく外部の協力を得て業務を進めていく、というのが私の基本的な考え方で、それは採用以外の実務においても同様です。

一緒に考えて、一緒に走っていただくことを期待していますし、お願いしたいです。

**河本**：ありがとうございます。その具体的な現れとして、25卒シーズンからは月1回の定例ミーティングにも参加をさせていただいてますね。私としては、貴社の社外人事担当のような動きをしていきたいと思っています。

具体的には、今進めている新卒入社者の数的な課題解決や、「挑戦・統率型人材」の確保もそうなのですが、それだけで終わりたくないとも考えています。

例えば、若年層の離職を抑える、若手の定着にも貢献したいですし、アルバイトスタッフからの正社員登用の道を作りたいと考えています。アルバイトの採用そのものにもコストがかかりますし、時給の引き上げにも限界があります。ですから、例えばスターバックスのように働く場としてのブランド力を強め、貴社店舗で働くアルバイトの皆さんに「ここで働きたい」と思うようになってもらうような状態も視野に入れて、伴走させていただきたいと考えています。

**担当：**おっしゃる通りですね。現状、大学生アルバイトが新卒で正社員として入社してくれる率はかなり低く、これをもっと良いものにできればと考えています。

また、アルバイト採用の難易度も高い状態です。ですので、当社店舗で働くことがステータスとなり、アルバイト採用そしてその先の正社員としての入社という流れを作るのが理想です。新卒採用のほとんどが店舗アルバイトから、というスターバックスのようなあり方を目指したいと思っています。

**イベントをやってください、というよりは採用を一緒にやってください**、というのが私たちからシーズアンドグロースさんにお願いをしたいことです。

**河本：**我々もそのつもりで向き合っているつもりです。貴社も新しい取り組みについて前向きに検討してくださいますので、世の中の一歩先を行くような提案で支援をさせていただきたいと思っています。

貴社の経営陣は、人事という業務、あるいは課題についてどのようなお考えなのでしょうか。

## ——経営戦略≒人事戦略。人事からのチャレンジ

**担当**：直近で事例を挙げると、2023年2月に決算の発表を行った際に、「人的資本投資に関わる基本方針」というテーマの発表も対外的に出させていただきました。そのことを通じて、経営陣を含めた全社員が人（および人材採用）こそが重要であるという認識を共有したと思います。

また、現在次の10年をテーマにしたビジョンを策定中なのですが、その議論においても経営陣はもちろん、部長クラスからも人の重要性についての発言が出てきます。ですから、次の10年は人的資本経営を重要なテーマとして追求していくことに関しては幹部社員を含めたレベルでの合意形成がほぼできている、と言ってよいと考えています。

過去を振り返れば、事業会社の人事は〝手続きをする人〟状態であったり、戦略があまりない状態だったことを記憶していますが、今は人事セクションがグループの人事戦略を主導する形で進めることを社長から要請されることもあるほど、我々の業務の重要性が高まっていることを感じています。

**河本**：貴社の人事に関する課題解決に対する本気度の現れのひとつに、新卒採用媒体におけるメッセージのコンセプト変更がありますね。

**担当**：はい、そこは25卒シーズンで大きく変えた、チャレンジしたことのひとつですね。

今までは「安全でおいしく、高品質な料理と心を込めたおもてなし」といった方向性を前面に打ち出していました。

そのため、接客そしておもてなしに関心がある、共感を持つ人材が集まってくるのは自然なことでした。ある時、シーズアンドグロースさんから「そういう飲食や接客、そしておもてなしに関心・共感を持つ人は自然と集まってきますよ」と助言をいただきまして、確かにその通りだと思いました。

ですから25卒シーズンからは、私たちが求める挑戦・統率型人材に刺さるような力強いメッセージとして「切り拓く」にコンセプトワードを改修し、２０２４年1月から公開しました。

**河本**：リニューアルした採用サイトをテストサイト状態で、社内の方にも見せたとのことですが、どのような反響だったのでしょうか。

**担当**：「今までと全然イメージが変わっていてとても良い」と評価する声もあれば、「本当にこれでいいの？」と危ぶむ声もありました。というのも、ホスピタリティというワードを使わない広報というのは我々にとっては斬新と言いますか、勇気がいることなのです。

当社は設立時に作られた「経営基本理念」で社員全員が結びついた会社であり、それを基にした「食とホスピタリティ」というコンセプトをメッセージから外すことは、本当に大きな決断でした。

**河本：**競合が低価格戦略に走ったデフレ環境の中でも、貴社店舗は高価格帯を貫くなど、オンリーワンポジションを確立されています。また、店舗に行けばホスピタリティは確実に伝わります。

そうした、あえて伝えなくても知っていることは、採用を大きく変えようとしている状況の採用サイトでは、言わなくてもいいのではないかと思ったんです。

ベンチマーク企業も、スターバックスや無印良品あたりから変わりましたね。

**担当：**25卒シーズン以降の採用においてベンチマークしていくのは、ファーストリテイリングやマクドナルドなど、小売業態の中で挑戦・統率型人材が志向するような企業です。

**河本：**採用を通じて、こんな会社に変えていきたいという目標はどんなものなのでしょうか。

**担当：**新卒採用だけではなく中途採用も、そして海外人材の採用なども実際に行っていますが、そうした**採用の多様化を通じて会社に活力をもたらしていきたい**ですね。新卒ももちろん重要な採用手段のひとつですが、採用全体を多様化することで、いろんなバックグラウンドを持った方が集まり自由に議論し新しいことへのチャレンジがたくさん生まれるような、活力のある環境を創っていきたいですね。

**——本質的な課題解決に向けて、伴走してもらいたい**

**河本：**カレッジ型イベントに限らず、今後様々な提案を通じて支援をさせていただきたいと思っています。私たちシーズアンドグロースに対する評価や意見をお伺いしたいです。

**担当：**河本さん本人を目の前にして、なかなか言いづらいところではありますね（笑）。
現状でも、期待以上のことをしていただいている、と感じています。自社サービスを持っているコンサルティング会社は、得てして最終的には自社サービスを売り込もうとするのが当たり前ですが、**自社サービス提案の前に本質的な課題解決の議論ができるところ**が良いところだと思っています。
サービスに関しては、現状当社の力不足もあってなかなか集客が思うように行っていないのが現実ですが、参加した学生からは「とても良い機会でした」のような高く評価する声が非常に多く、今後にも期待をしています。

**河本：**ご評価、ありがとうございます。
現状実施済みのカレッジ型イベントのプログラム内容についてのご評価はいかがですか。

**担当：**質疑応答などの資料を拝見すると、我々が学生に同じ質問をしても、多分素直には答えないだろうなという〝本音〟が現れていますね。

そのあたりは本当に参考にさせてもらっています。ただ、本格的にはじめたのが昨年の秋冬くらいなので、学生とのコミュニケーションにそうした内容を活かしていくのは、これからになります。

**河本**：イベントでご一緒する機会の多い貴社のメンバーの方からは、「河本さんのあの話し方を人事としても使っていきたい」とか、「会社の事実を伝えるにあたってもっといい表現はないのか、というあたりをカレッジ型イベントから吸収している」とおっしゃっていただいています。

また直近の挑戦・統率型人材向けのイベントでは、言うならば株主総会で伝えるような内容に近く、これまで貴社があまり学生に伝えてこなかったことだと思います。そうした、会社を伝える切り口を変える（ことを試してみる）ことが、イベントを通じてできているのではないかなと思っています。

**担当：**2025卒、カレッジ型イベントを経由して入社してきた人材が仕事を通じて成長し、採用活動に関わってくれるようになり、採用の改革が加速していくような状態になるといいですね。

**河本：**選考時のカレッジ型イベントからはじまり、内定者研修、場合によっては新人のメンターとなる方の研修に関わるケースもあります。貴社ともそうですが、そのような社員の方の成長を見届けられるようなお付き合いは、私たちとしても強いやりがいをもって取り組ませていただいています。

会社の変革期にお付き合いすることが多いですが、捉われてはいけない過去、変えてはいけない大事なことがあると思います。そのあたりを伴走しながら、一緒に考えさせていただくことにもやりがいを感じています。

# 第1章

# 事例：新卒採用の“できない”を“できる”にする、カレッジ型イベント

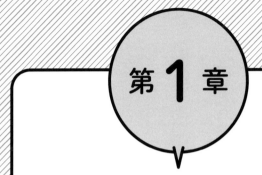

# 新卒採用の様々な課題を解決する、新しい手段

新卒採用の早期化・通年化が進んでいます。

そのような中、採用活動が「オペレーション化」しており、そのオペレーションすら見直しを行う暇すらない状態で、

・母集団形成に苦労したり……。
・競合にどうしても勝てなかったり……。
・内定承諾を取り付けていた学生から辞退されたり……。
・そもそも内定の承諾率が高められなかったり……。

といった様々な課題があり、人事担当者の皆様の中では課題認識があるものの、抜

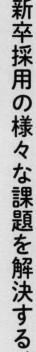

本的な策を講じる余力も余裕もない、というような状況があるのではないでしょうか。

それらの課題の解決策となり得る施策の紹介を行う前に、いくつか〝カレッジ型イベント〟の事例をご紹介します。

## ▼母集団をもっと大きくしたい

クライアントは、あるFinTech系の企業でした。

総じて金融関係の企業は学生にとって「大ぐくりで言って、事業内容はどこも似たり寄ったり」という感覚で差別化が難しく、それがFinTech企業となると事業内容そのものの理解も難しくなります。同社は実は学生にとっても意外と身近なサービスを提供しているのですが、インターンシップを行っても難しさが先に立ち、参加率が思わしくない状況でした。


そこで、**「社会貢献性の高い企業とはどんな企業なのかを理解するイベント」**を、第三者である当社―シーズアンドグロース株式会社が主催する形で（時期的には早期インターンシップ期。9月頃）開催いたしました。

イベントは、一般的に企業が果たしている社会貢献とはどんなものなのかの解説からはじまり、後半でクライアント企業を題材に、事業内容を知り社会貢献性の高さをワークなども通じて理解するような仕立てにいたしました。

その結果、従来は**トータルで20名程度の集客に留まっていたインターンシップが、イベント4回の開催で200名もの集客に成功**することとなりました。

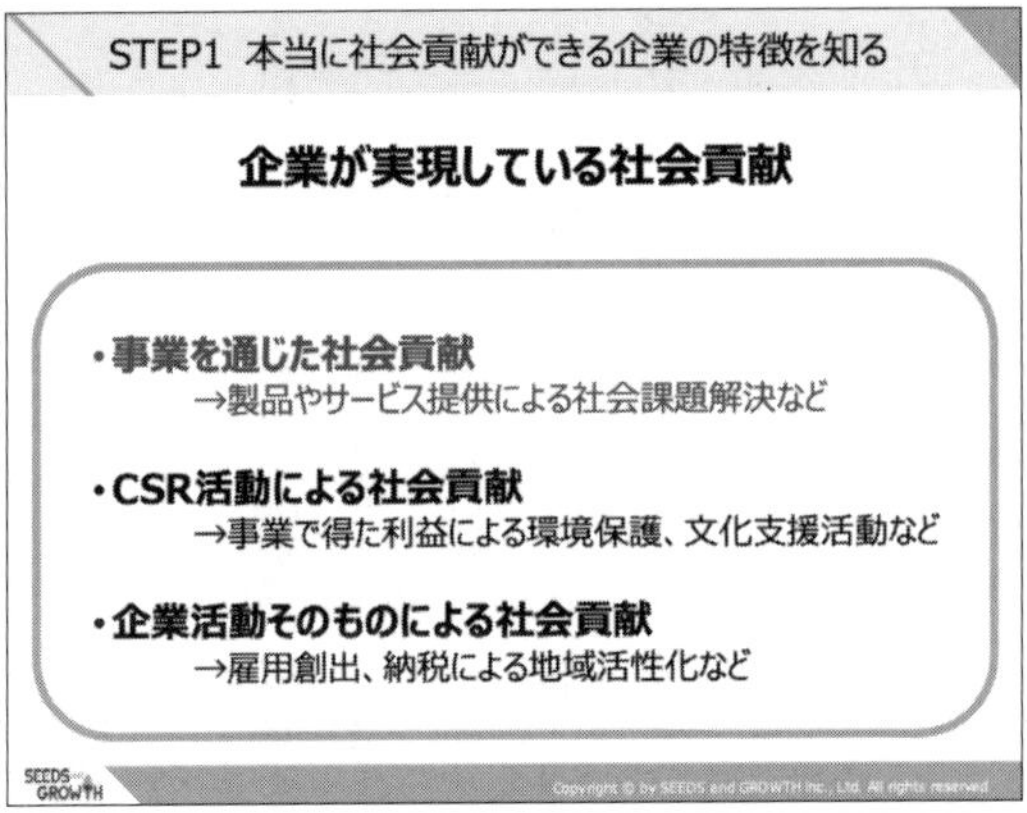


企業が行っている社会貢献の本質。CSR ではなく、事業そのもの。

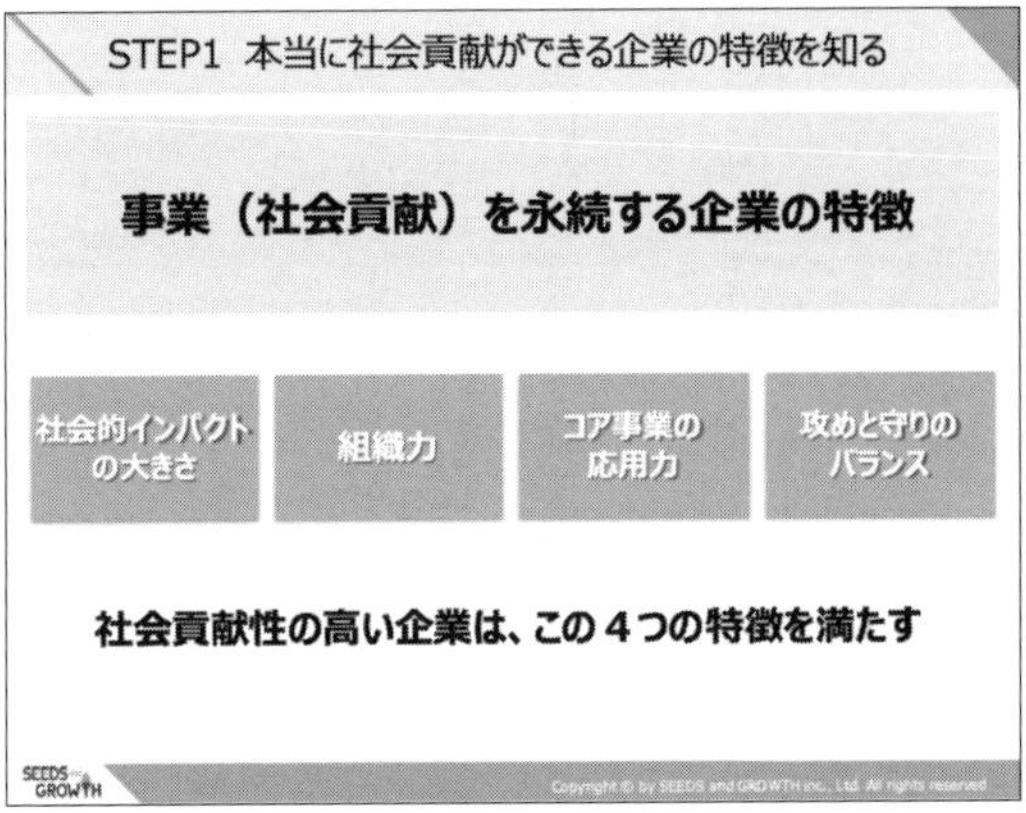


社会貢献を永続的に行える企業の特徴。

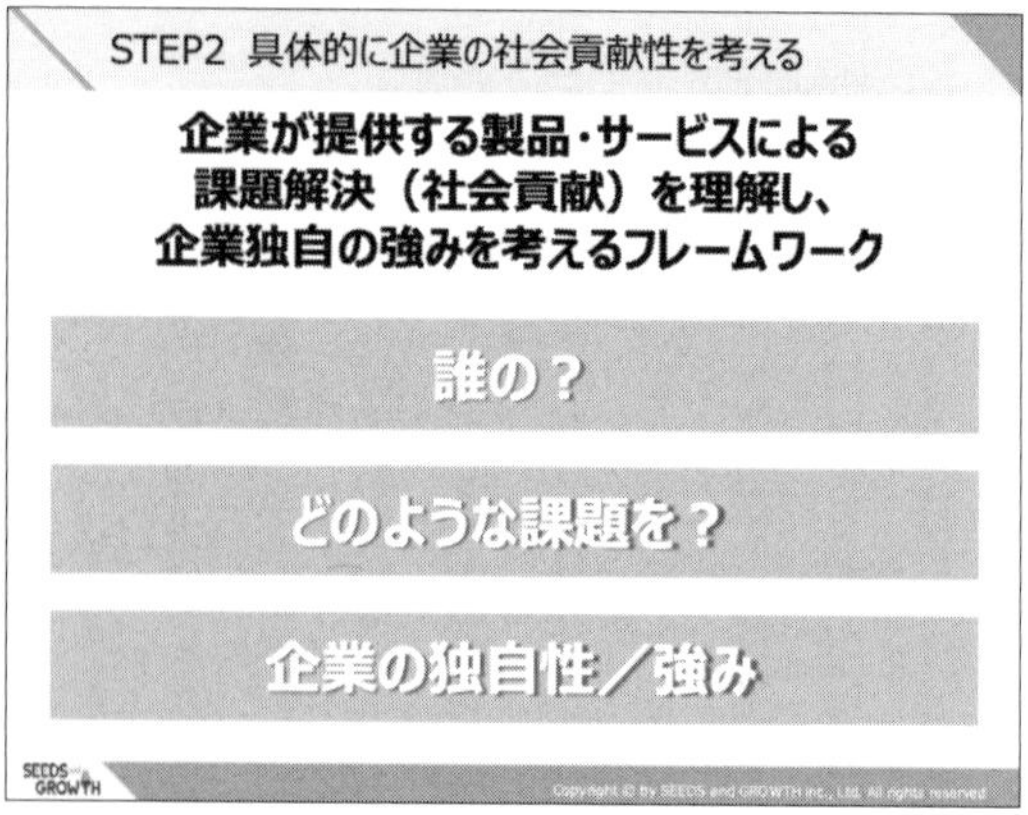
STEP2 具体的に企業の社会貢献性を考える
企業が提供する製品・サービスによる
課題解決（社会貢献）を理解し、
企業独自の強みを考えるフレームワーク
誰の？
どのような課題を？
企業の独自性／強み
SEEDS GROWTH
企業の事業（製品・サービス含む）の社会貢献性を捉えるフレームワーク。

## ▼採用競合との力関係を逆転したい

こちらのクライアントは、ある人材派遣会社の企業でした。

過去のニュースや、社会通念的なイメージによる学生側の先入観、そして競合企業の自社アピールの強さから、採用競合である人材紹介会社との競り合いに負けてしまいがちな状態が続いていました。詳細には、「人材紹介ビジネス、すなわち正社員を扱うビジネスは非正規である派遣社員を扱うビジネスより格が上」という人材紹介会社のアピールに有効な対抗措置が打てていませんでした。

そこで、このクライアントのイベント（内定付与後の4月開催）では第三者の専門家として新卒採用専門のコンサルティング企業である我々が、人材派遣と人材紹介の違いやそれぞれの特徴について解説し、フラットに学生に検討してもらいました。

具体的には、人材派遣の営業職は派遣社員を常にフォローし、派遣先の企業で活躍できる存在となるようサポートすることが仕事であり、いわば点を線にする仕事であると説明しました。一方、人材紹介会社は自社が抱えている人材を一人でも多くマッチする企業へと紹介し入社に結びつけることが仕事で、いわば点の数を増やすことが仕事であると説明しました。

点と線の話が〝利益の作り方〟の違いであり、人材派遣会社は派遣スタッフが長く働いてくれることで利益を得ていること、人材紹介会社は入社にこぎつけた際の仲介フィーが利益の源であることも解説しました。

決して両社に優劣をつけるような内容ではなく、ビジネスモデルを客観的に見て分析し解説するイベントでしたが、このケースでは人材紹介会社を併願していた学生の承諾率があがり、勝率で逆転した、という結果になりました。

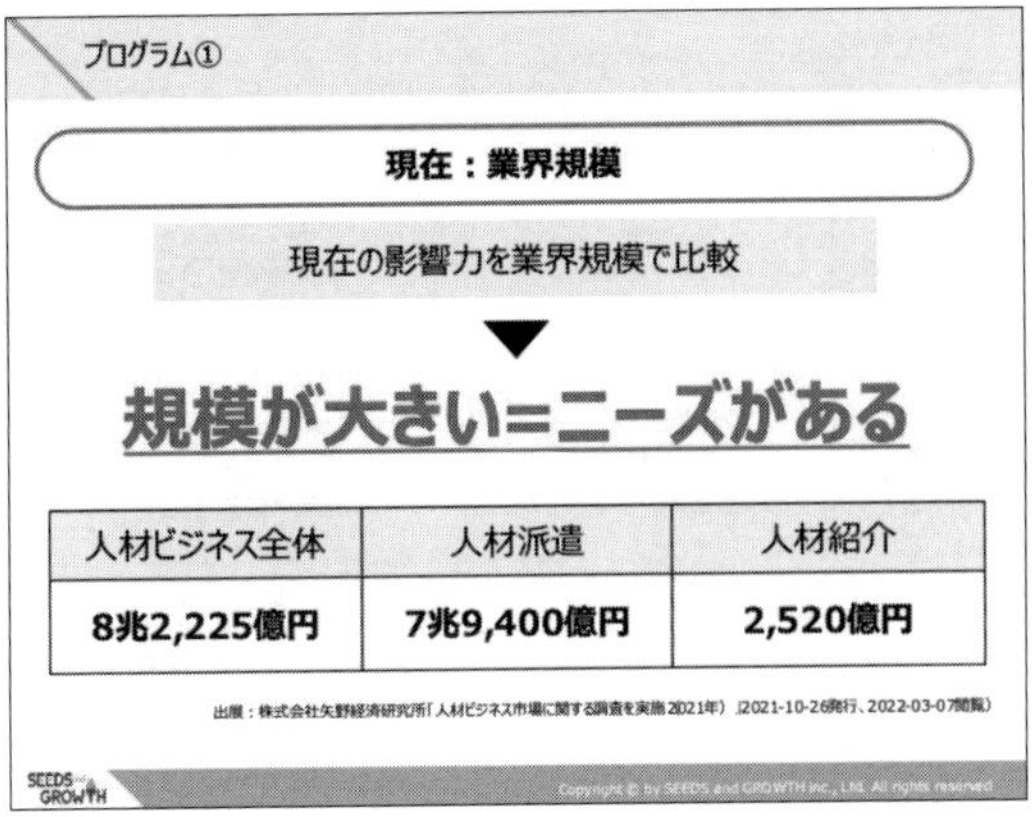


人材派遣と人材紹介の比較：「市場規模」。

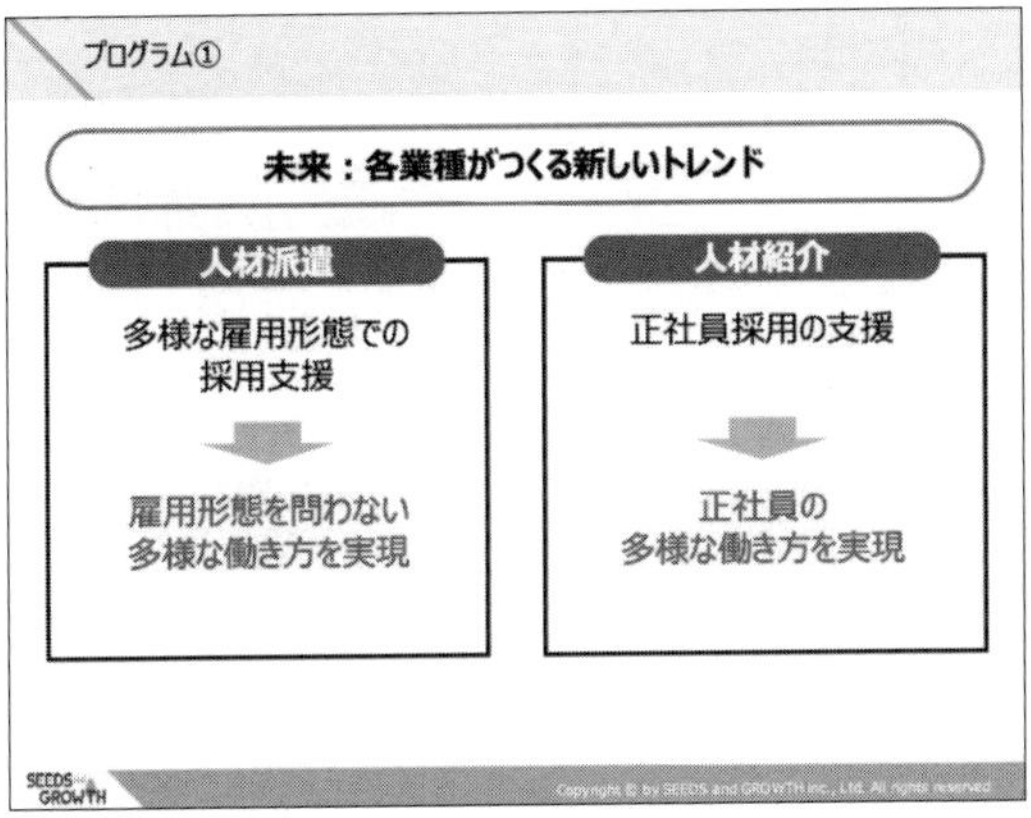


人材派遣と人材紹介の比較：「現在の価値」と「トレンド」。

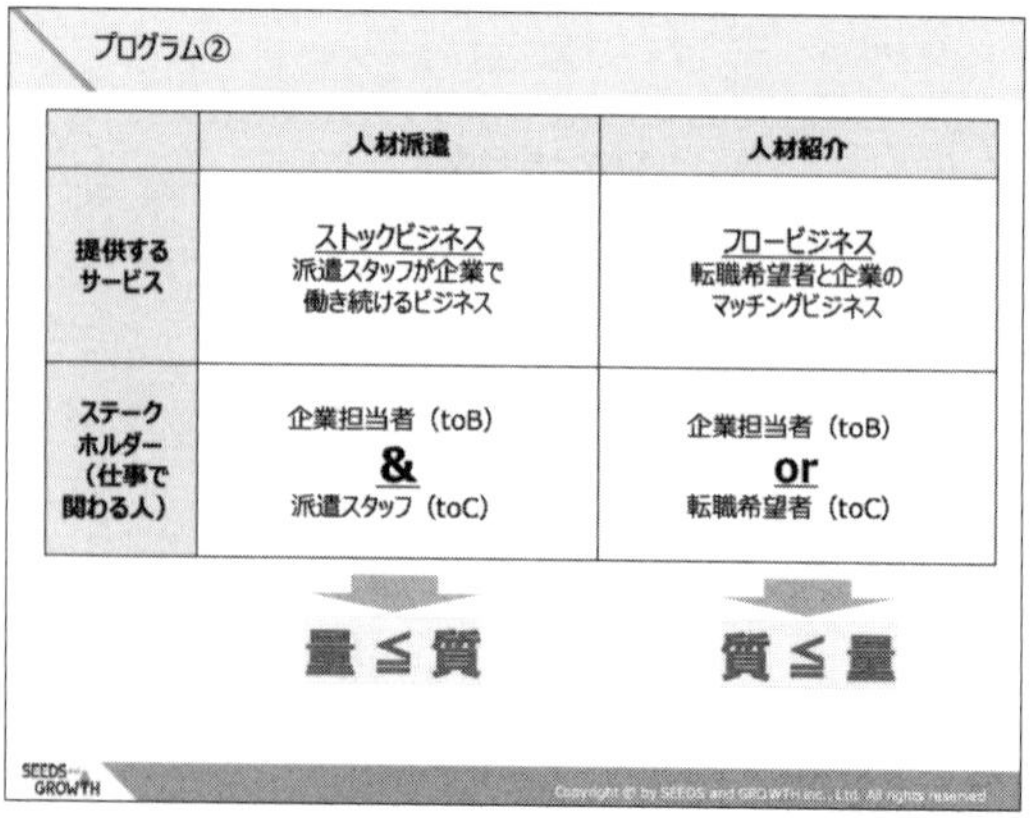


人材派遣と人材紹介の比較：「ビジネスモデル」と「営業が関わるステークホルダー」。

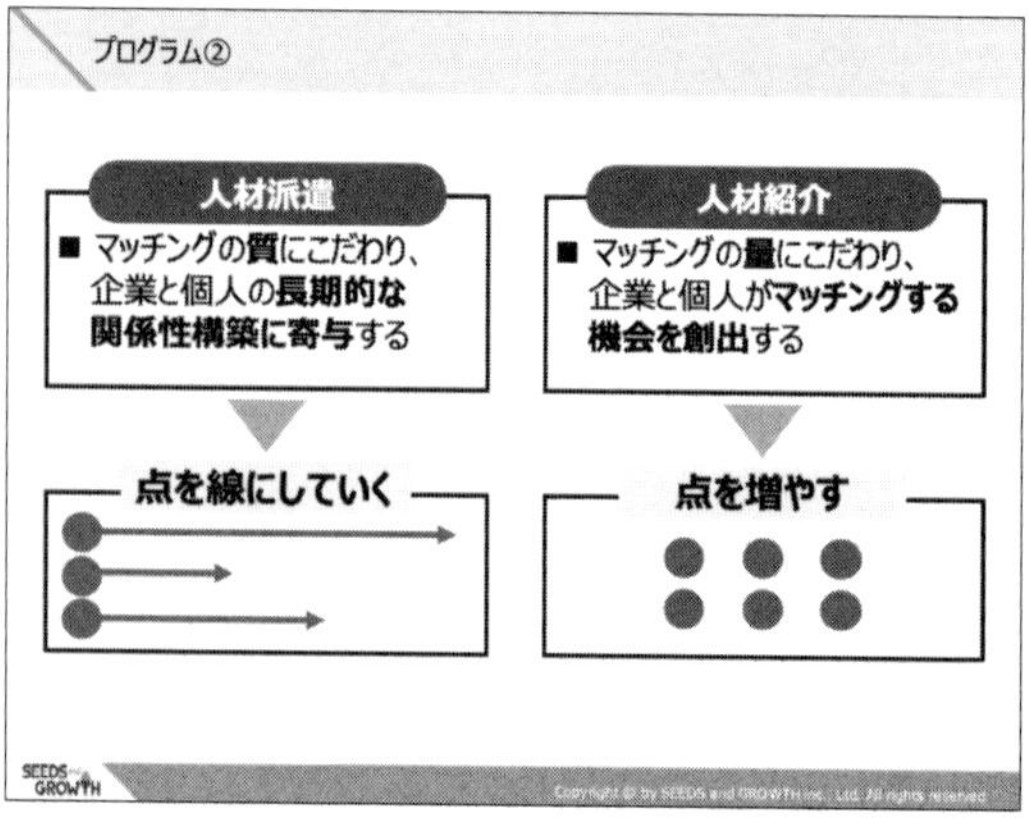


人材派遣と人材紹介の比較：「営業の価値」。

### ▼内定承諾後の辞退を防ぎたい

内定付与後、承諾の返答が返ってきても、誓約書的な書類をもらっても、辞退が発生し得ることは皆様もよくご存じのことと思います。このケースのクライアントである、ユーザー系のSIerも同様でした。

そこで、内定後のイベントとして、第三者の専門家である我々が「自分（つまり、参加している学生一人ひとりのこと）の決断軸発見セミナー」というテーマでイベントを開催しました。学生側は、1社しか選考を受けていない、というようなケースを除き、内定の数が多かろうが少なかろうが、「これで本当にいいのだろうか」と迷うものです。そこに、内定をもらっている企業ではない第三者の専門家が〝決断〟について解説するイベントが行われるわけで、学生側にしてみれば参加しない理由があまりなく、イベントは参加率が非常に高い状態で開催されました。

イベント内容は「自分らしい決断とは何か」「自分らしい決断をするために必要な

考え方」を学生にワークを通じて考えてもらいます。ワーク後、私たちから「決断軸には具体性が必要であること」「過去の決断や未来のなりたい姿なども参考にすること」など、決断に関する考え方の軸を解説します。

後半では、まず学生一人ひとりの決断軸を言語化してもらい、その時点で迷っている他の企業とクライアント企業を言語化された決断軸で比較してもらいます。

イベントでは、クライアント企業を持ち上げることも競合企業を貶めるようなことも、一切していません。それでも、内定承諾後の辞退者は12名から5名へと、大きく減少しました。

大きく減少した理由について考察すると、多くの学生は1人で考えているうちに軸などもわからなくなり、結果目に見える表面的なブランド、福利厚生などで決断してしまいがちです。

ただ、このカレッジ型イベントは第三者の専門家と一緒に軸を考え、悩んでいる他社との違いが明確になるので、ブランドや福利厚生で劣っていたとしてもそれ以外の部分で勝負できるため減少したのだと思います。

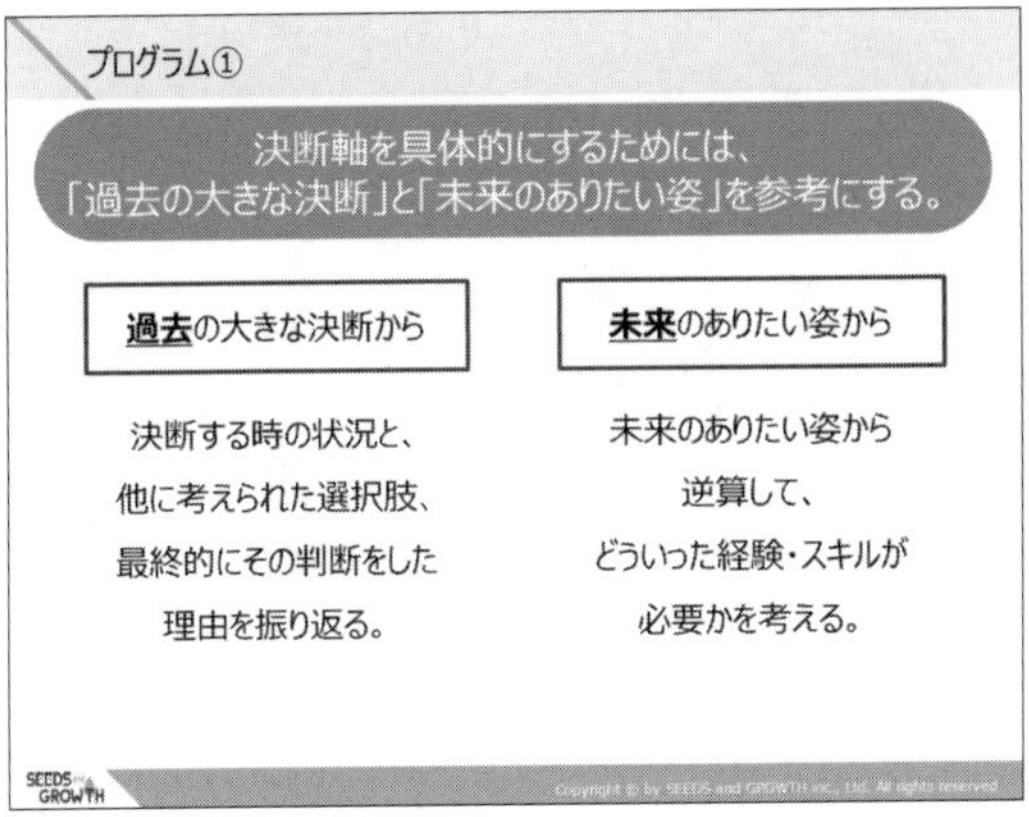


決断軸明確化のアプローチ（過去・未来）。

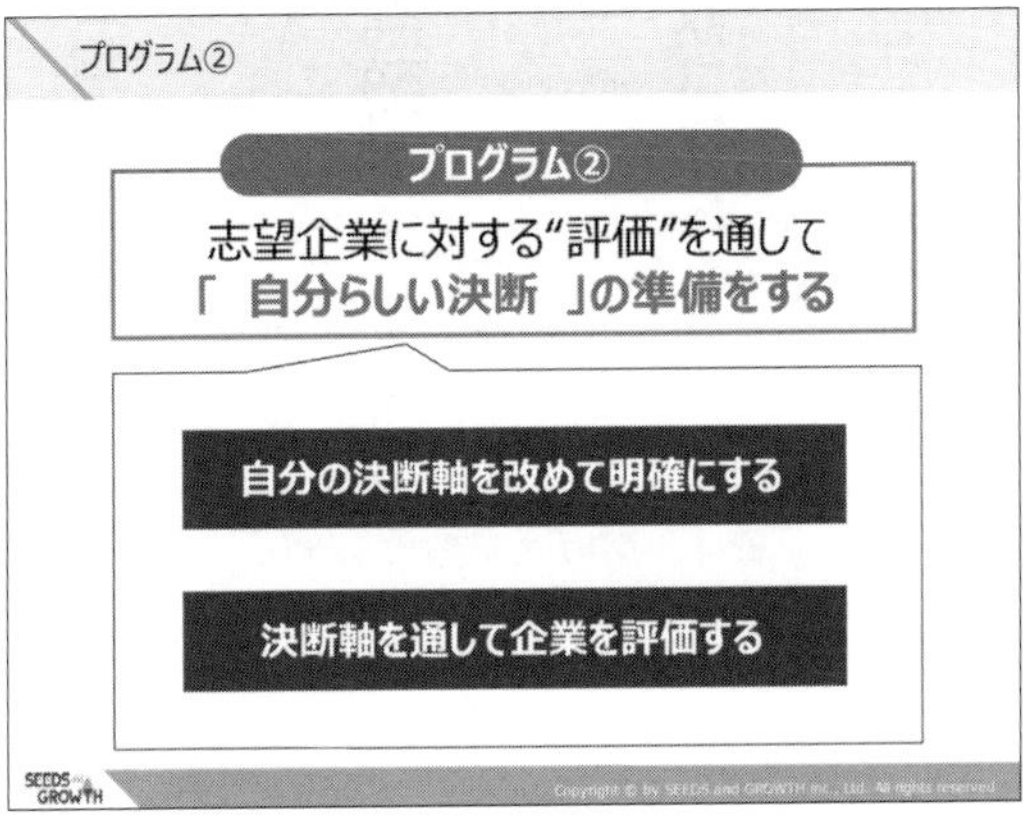


現状の志望度の明確化。

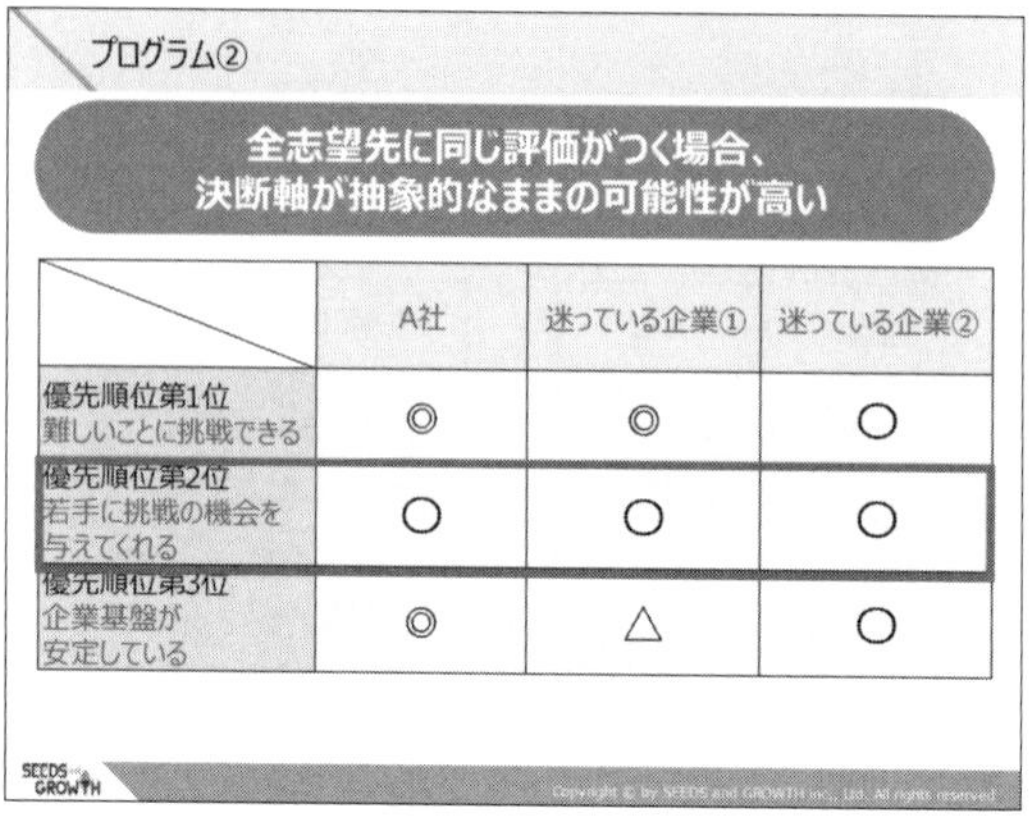

プログラム②
定期的に評価を見直し、評価に変化があった場合は
変化の要因を分析することが重要である
変化の要因　例
✓ 決断軸が変わった
（内容、優先順位）
✓ 選考が進み、決断するための
材料（情報）が増えた
✓ 選考で不合格となった　等

**全志望先に同じ評価がつく場合、**

|  | A社 | 迷っている企業① | 迷っている企業② |
|---|---|---|---|
| 優先順位第1位<br>難しいことに挑戦できる | ◎ | ◎ | ○ |
| 優先順位第2位<br>若手に挑戦の機会を<br>与えてくれる | ○ | ○ | ○ |
| 優先順位第3位<br>企業基盤が<br>安定している | ◎ | △ | ○ |

SEEDS and GROWTH

Copyright © by SEEDS and GROWTH inc., Ltd. All rights reserved.

決断軸が抽象的な状態とは。

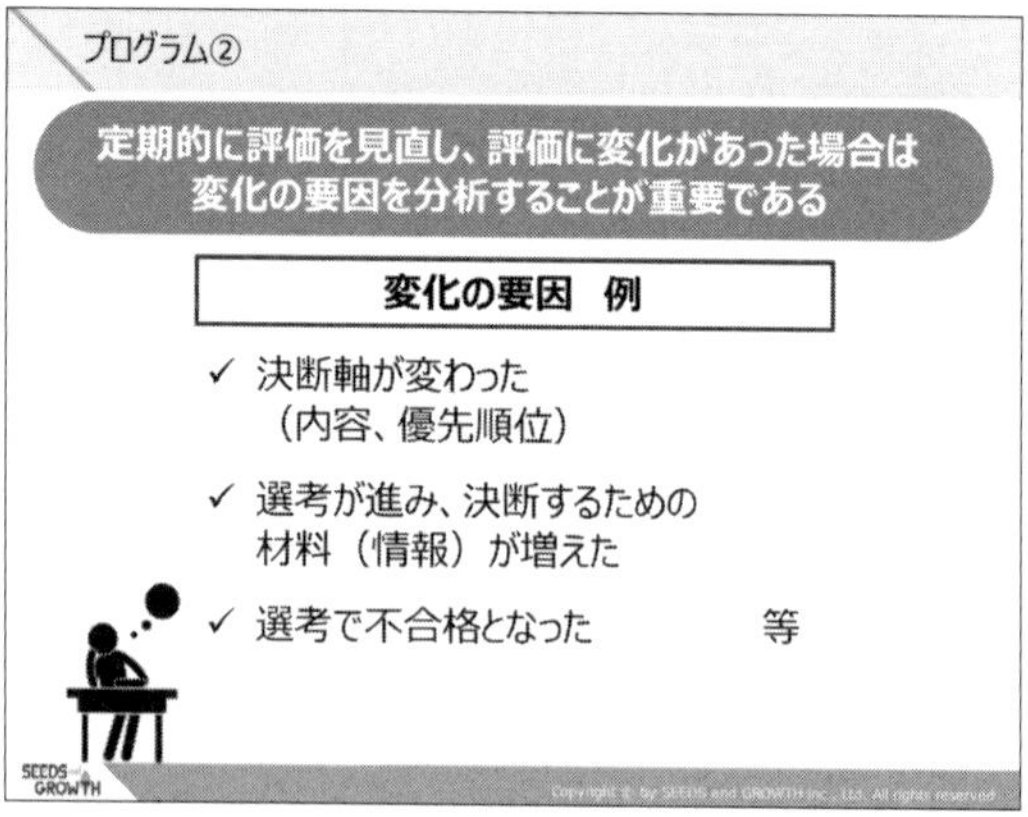


決断軸の可変性。

## ▼内定承諾率を上げたい－特に高評価者から

早期からインターンシップを開催しているのだから、その時期に接触できている学生、特に高評価者からの内定承諾率を高めたい。そんなご要望を持つお客様に対して、**「IR情報の見方」「大手と中堅の違い」「成長とは」**という3つのテーマでのイベントを行い、結果として高評価者からの**内定承諾が5％から20％に跳ね上がった**という結果を残しました。

このケースは、この書籍で紹介する〝カレッジ型イベント〟のルーツともなる事例なので、後ほど改めてご紹介します。

新卒採用が早期化・通年化することで、オペレーションの負担でなかなか採用活動を見直せない。採用実務が「オペレーション化」してしまっていて、結果についてはは半ば諦めている。もっと新卒採用に力を入れたいけど、マンパワーが足りない……。

私たちは、そんな現状を変えたいと思っています。

そもそも私たちシーズアンドグロースが創業以来目指しているのは、**「新卒採用におけるおかしな常識を変えたい」**というテーマです。新卒採用はそれぞれの企業の未来を築く業務であり、大学生（大学院生）という幅広い市場・特定の世代にまんべんなくリーチでき、良い印象を与えることのできる極めて貴重な機会なのです。

オンライン化・通年化が進み、またインターネットの普及により学生が容易に様々な情報を入手できる今こそ、皆様に是非知っていただきたいサービスをご紹介します。

# 第2章

# カレッジ型イベントの成り立ち、きっかけ

## お客様の要望から生まれた「カレッジ型イベント」

### ▼カレッジ型イベントが生まれた経緯

きっかけとなる出来事が発生したのは、2021年でした。

かねてより当社サービスを提供してきたユーザー系SIer企業から**「高評価の学生の獲得のため、（今接触している学生に対して）年内に内定を出したい」**とご相談をいただきました。夏季以降のインターンシップに参加したり早期選考を受けたりしていた、当時学部生なら3年生、院生なら1年生の学生に、年内で内定（内々定）を出したいのでどうすればよいか、というご相談です。

そのご相談を実現するには、いくつかの課題がありました。

２０２１年当時、既にインターンシップは新卒採用シーンに広く浸透しており、企業側も学生側も8割以上が開催・参加している、「当たり前」のイベントとなっていました。ですから、インターンシップに参加した学生だからといって必ずしも企業に対して充分な動機付けがなされているとは言えない状態でした。

また、学部3年生・院1年生くらいのタイミングだと、ほとんどの学生は自分が接触している企業の優先順位がつけられておらず、それぞれの企業の強み、将来性、そして自分が入社したらどのような働き方をしどのように成長していくのか、ということをイメージできていません。ましてや、２０２１年と言えばコロナ禍の真っ最中で、インターンシップも選考も、フルオンラインと言ってよい状態でした。そのような状態で年内に内定付与となると、学生の立場で考えれば「（一度も直接会わないまま）このまま内定を承諾していいのか？」と悩むのは自明の理です。就活生同士の横のつながりがかなり希薄で、客観的な視点で自分の考えが正しいのかどうか確認がしづらいことも影響するはずです。

私は2005年に株式会社リンクアンドモチベーションに入社し、2010年にはシーズアンドグロース株式会社を設立しました。初めて社会に出て以来、一貫して新卒採用に関する業務・事業に取り組んできており、学生の立場や考え方・視点を熟知したうえでのサービス設計を専門領域としてきました。

そうした立場から考え、当時行ったのは**「IR情報の見方」「大手と中堅の違い」「成長とは」**という3つのテーマに沿った、オンラインイベントでした。

**「IR情報の見方」**については、IR情報の読み解き方を〝新卒採用のプロ〟が採用競合企業との比較を交えて解説するもので、学生にわかりやすい言葉で採用（学生からすると選考を受ける）視点から語ることに意味がある、と考えました。

**「大手と中堅の違い」**は、「とりあえず規模の大きな企業のほうが安心だから」と考えがち（特に、コロナ禍による社会不安の影響で、安定志向の学生が増えていました）な学生に対し、大手での働き方、中堅での働き方を解説したうえで、学生それぞれが自分の望む働き方や将来を鑑みてどのような選択をするべきか、を考えさせるイベントでした。

**「成長とは」**は、何をもって成長とするのか、それぞれの学生にマッチした成長とはどんなものなのかを、解説やワークを通じて〝解像度を上げていく〟内容でした。

また、それぞれの解説を第三者であり新卒採用の専門家がフラットに行うことにも大きな意味がある、と思いました。

プログラムの終わりには質疑応答の時間も設けましたが、プログラムに関する質問に留まらず、自己分析の仕方や志望動機の内容など、就活全般に関する質問が多数寄せられました。

結果として、それまでは５％程度だった高評価の学生からの内定承諾率が、20％まで跳ね上がるという極めて高い成果を挙げることが出来ました。

## ▼効果を実感。サービスを磨く

インターンシップがこれだけ浸透し、「（開催・参加が）当たり前」になっていることは皆さんも実感しておられるでしょう。また2022年の三省合意により、今までは建前上選考には関係ないという位置づけだったインターンシップが、プログラムの内容についての規定をクリアしている場合は参加した学生の情報を選考に利用してよいことになり、つまりは選考の早期化について国からのお墨付きが出たということになりました。既に、2023年シーズン（25卒新卒採用）からスタートしています。

一方、その状態は新卒採用の通年化に拍車をかけるものともいえ、採用担当者にとっては年間を通して多忙となる可能性を示唆しています。人事セクションの中でも採用担当は多くの企業で少数精鋭状態であり、息をつく暇もない、採用活動の見直しをはかっている時間がない、という状態ではないでしょうか。

採用活動の内製化が限界にきている今、第三者の専門家が学生の立場に立ち、学生の悩み・不安を取り除き、企業理解の深化に寄与する、ひいては承諾率の向上に資するサービスとして、前述した2021年のユーザー系SIer企業に提供したサービスをブラッシュアップして2022年4月にサービス提供を開始したのが、**「カレッジ型イベント」**です。

次の節では、現状提供しているカレッジ型イベントの内容について説明します。

# カレッジ型イベントとは

カレッジ型イベントはまず、**クライアントの採用競合との差別化ポイント、学生が誤解を抱きやすいポイントなどを考慮し、複数の切り口から自社の勝ちパターンを見出し、イベントを設計**します。

そのイベントを第三者のコンサルタントが司会進行することで客観性を担保しながら、自社運営する余裕がないというマンパワー不足を解消できる施策です。

現在ほとんどの企業の新卒採用は「通年化」しています。通年で絶え間なく採用関連の業務に取り組む中、確立している業務フローを見直すのはなかなか難しいものですが、当イベントは設計から運営に至るまでをすべて外部に委託することになるため、今ある業務フローを変えずに導入することが可能です。またカレッジ型イベントは母集団形成から内定承諾後のフォローといった採用活動のどのフェーズでも実施することが可能です（時期によって、イベント内容や取り組むテーマなどを調整します）。場合によっては、学部1〜2年生などの低学年向けとしても実施できます。学生のキャリアに関するイベントという性質上、クライアントに対する志望度が高くなくても参加を見込むことが出来ます。オンライン開催も手伝って、これまでは呼び込みたい対象（エントリー者全体なのか、選考途中者全体なのかは会社ごとに異なる）の約8割程度の学生が参加してきている実績があります。

自己分析はともかくとして、業界研究や企業の理解を深めるという点では、企業の採用担当者ではなく第三者の採用の専門家が講師を務めるということには大きな意味があります。というのも、企業の採用ホームページ、会社説明会などでどれだけ自社の特徴をフラットに伝えようとしても、学生の立場にしてみればどうしても自社贔屓のバイアスを感じてしまうからです。その点、新卒採用の専門家である私たちのような第三者による解説・説明であれば、説得力のあるメッセージを送ることが可能です。

カレッジ型イベントでできることには、大枠で次の3つがあります。

**「承諾率の向上」**

カレッジ型イベントの設計においては、クライアントの新卒採用活動において応募学生の傾向や競合に対する勝ちパターン・負けパターンを分析します。そのうえで学生の立場から企業選びの判断軸を提示し明確化するため、内定出しをする時点で学生の状態を自分の選択に迷いがない状態にできるので、承諾率の向上が実現できます。

あくまで学生それぞれが望む働き方・キャリア観・ライフスタイルなどに合わせて判断できる状態を創りあげています。ですから、そもそもクライアントにマッチしない学生をセルフスクリーニングすることにもつながります。

**「覚悟醸成」**

クライアントからの委託で行っているイベントではありますが、イベントで講師は「このイベントは、皆にこの企業に入社してもらいたいから開催しているものではない」

と伝えていますし、採用競合との比較などをする場合でもフラットな立場でそれぞれの企業の特徴や強みを解説し、あくまで働き方やキャリア観などで企業選びをおこなえるようにプログラムを進めています。

例えば、ＩＴ業界のように学生にとってはなかなか各企業の特徴を掴みづらい業界の場合は、各社がアピールしがちな「いろいろなことに取り組める」の意味を解説したりします。様々な業界の案件に関れるという意味か、いわゆる川上から川下まで一貫して取り組める状態であるという意味なのか、そしてそれぞれの学生が望む働き方やキャリア観からするとどちらがよりマッチするか、といった内容です。大手と中堅の比較でも、仕事のやりがいはどうか、裁量権はどうか、などを解説し、学生に対して判断軸を提供しています。

内定付与後にありがちな悩みポイントも事前に想定し、学生が「自分にとってどの会社がいいのか」を自分で判断できる対策を講じていますので、「自分が決めた」という強固な決断と、決断後ぶれることがない状態を実現できます。

**「定着率向上」**

内定者フォローなどをしていると、学生が内定を承諾した・辞退した理由に「人の良さ」「雰囲気が自分に合っていると思った」といったポイントを挙げるケースが非常に多く見受けられます。人や組織風土の良さは、企業の魅力のひとつではありますが、そういうケースは仕事で強い負荷がかかった時に耐えられなかったり、採用活動で触れ合った一部の人以外の社員接点でギャップを感じ、モチベーションを落としたりしがちです。

その点、イベントの講師である私たちは外部の人間であり、後に一緒に働くことになる社員ではありません。また、イベントを通じて「理念」「事業」「仕事」のいずれかに共感や意欲を持たせることを目的としていますので、仕事の厳しさや未知の環境に馴染むためのストレスに耐えられるマインドを醸成することができます。そしてイベントでは、企業の良い面だけではなく厳しさや仕事の難しさも伝えていきますので、将来自分にかかる負荷を正しく判断できる状態で入社してくることが期待できます。

次に、2022年4月よりリリースしているカレッジ型イベントの、3タイプのコンテンツをご紹介します。

## 「企業理解系」カレッジ型イベント

企業理解系のカレッジ型イベントは、自社の全体的な魅力を深く理解させたい場合などに有効です。

企業理解系では、まず企業の特徴・強み・魅力などを分析・理解するための「フレームワーク」を学生に提供し、それぞれの学生が自ら情報を収集しフレームワークに沿って整理していきます。フレームワークはイベントの設計や目的などによって変わることがありますが、いずれの場合も世の中のどの企業を分析するにあたっても使うことができます。

現在では、「企業の7つの魅力要因」という形で整理されており、それらは

「会社基盤／企業に知名度や話題性がある等」

「企業の考え方／会社理念やビジョンに共感性があること等」

**＜企業の魅力を整理するフレームワーク＞**

| 要素 | 内容 |
| --- | --- |
| 企業基盤 | 企業の規模、財務体質、売上推移、グループ企業　等 |
| 企業の考え方 | 企業理念やミッション、パーパス、ビジョンが何を示しているのか　等 |
| 事業の優位性 | 競合他社と比較した際の事業の優位性、将来性、成長性　等 |
| 仕事の特徴 | 職種や業務領域、専門性、やりがい　等 |
| 求められるスキル・スタンス | 求める人物像、仕事内容から身につくスキルやスタンス　等 |
| 組織風土 | 自由度、人間関係（上下関係含む）　等 |
| 制度環境 | 福利厚生、給与、手当て、教育制度　等 |



「事業の優位性／事業に将来性や成長性があること等」

「仕事の特徴／仕事の裁量が広く、責任とやりがいを感じること等」

「社員に求められるスキル・スタンス／活躍するために必要な力が○○であること等」

「組織風土／会社や職場に自由で風通しの良い風土があること等」

「制度環境／年齢・性別・学歴に捉われない実力主義が徹底していること等」

という内容です。


企業研究のためのフレームワークである7つの魅力要因を理解した後、前半ワークではクライアント企業を題材として7つの魅力要因に当てはまる情報を、クライアント企業のホームページなどから収集させます。

後半ワークでは、まず学生一人ひとりが思い描いている成長の定義を言語化させます。そのうえで、前半ワークで収集した題材企業の情報と照らし合わせ、客観的に見ていた企業の魅力を自分事にする、つまりその企業の特徴は自分の成長にどのように繋がるのかどうか、を考えていきます。

最後に、新卒採用の専門家の立場から、キャリアの考え方・就活の考え方などについての＋α解説を加え、質疑応答でイベントは終了となります。

どの業界でも企業でも使える「企業を分析する視点と情報収集の仕方・分析の仕方」というフラットな〝フレームワーク〟を提供しているところ、就活の先にある「キャリア観」という視点―内定はゴールではないという考え方を理解してもらえるところがポイントです。クライアントに関しては、軸によって整理された企業の魅力や特徴を学生に持って帰れるような設計になっているのが、企業理解系のイベントの特徴です。

## 「業界研究系」カレッジ型イベント

業界研究系のカレッジ型イベントは、応募者の傾向から勝ちたいけど勝てない競合は存在しているもしくは業界のベースの知識としてこの程度は理解したうえで選考にあがってきてほしいという期待がある場合に有効です。

例えばＩＴ業界では、ユーザー系・メーカー系・独立系といった系統の違う企業の特徴を情報収集・分析するところからイベントがスタートします。事業プロセスを取り巻くプレイヤーとなる企業が多数存在する場合は、クライアントが取り組む事業の全体像（どんな事業があって、どんな企業がいるのか）を把握するところからはじまります。個人ワーク、グループワークを経てグループのプレゼン、最後に講師から解説を行います。解説はあくまでもフラットに行い、業界内のどんな役割・特徴を持つ企業に対しても、場合によってはプラス面だけではなくマイナス面も伝えていきます。

後半のセッションでは、ここまで俯瞰的に見てきたそれぞれの企業（ＩＴならユーザー系・メーカー系・独立系）の働き方の特徴について解説を行います。

クライアントを取り巻く業界全体や、業界内に存在する企業の特徴、それぞれの働き方などをフラットに・俯瞰的に知ることができるのが業界研究系のイベントの特徴です。第三者の専門家が、学生視点で伝えている（業界の専門家によるマニアックな解説でない）ところがポイントです。

## 「自己理解系」カレッジ型イベント

自己理解系のカレッジ型イベントは、「決断」「成長」などのテーマを過去、お客様のニーズに合わせて設計していますが、学生との個別面談に工数をあまり割けない、もしくはリクルーターなどのレベルがあまり高くないため面談が効果的に行えていない場合に有効です。

自己理解系カレッジ型イベントは、「自己分析」の手法をレクチャーするものではありません。イベントのタイミングや目的によりワーク内容は異なります。

あるクライアントでは、「正しい」決断ではなく、「納得できる」決断（その時点でベストな選択をする）のためにはどうしたらいいか、をワークを通じて考え、合わせて自分の就活の軸を深掘りしたうえで選ぶべき企業を改めて考える、という仕立てになっています。

また別の企業では、就活の軸になりがちな「成長」にフォーカスし、成長を学生それぞれが定義しなおした上で、次のセッションで自分が望む成長を個人ワーク、グループワークを通じて明文化していきます。さらに後半のセッションでは望む成長のパターンとそれに見合った組織の特徴、成長できる会社かどうかの見極め方・考え方を解説していきます。

学生が迷った時にどう判断するか。「成長」というありがちな軸なだけになかなかそれ以上に踏み込んで考えようとしないものに対して考えるきっかけづくりを提供します。「自己理解系」カレッジ型イベントは、より納得度が高く「自分が決めた」と思える内定承諾に導くためのイベントです。

# 「カレッジ型イベント」という名称に込めた意味

## ▼アウトソーシングではなく、学生目線から組み立てられたイベント

自分語りになるようで恐縮ですが、「カレッジ型イベント」というサービス名称に、私はこだわりを持っています。カレッジ型イベントは単なるインターンシップのアウトソーシングではありません。また、現状ではインターンシップの運営の代行はお引き受けしておらず、カレッジ型イベントで私たちは新卒採用の専門家であるシーズアンドグロースの一員として学生と接しています。

そしてイベントは、（クライアント）企業として何を伝えたいか、理解させたいか、ではなく、長年の経験から得た「学生は何に迷っているのか」「将来にわたって活躍

するために、学生はどういう企業の選び方をするべきなのか」という、学生目線で考え、学生が主語となるイベントとして組み立てられています。学生が自らの意思で学ぶ場所である学校≒カレッジというわけです。

だからこそ講師である我々はフラットでなければいけないですし、原則クライアントの社員の方の同席はご遠慮いただいているのも、学生に対する学びの場を重視しているからです。それ故に学生側も遠慮なく本音で語れますし、「これを聞くと内定に影響あるかな……」という心配をすることなく積極的に発言ができます。

## 3つのタイプのイベントと開催時期に関して

企業理解系、業界研究系、自己理解系と3つのタイプのカレッジ型イベントを紹介させていただきましたが、それぞれのイベントは適している開催時期があります。

まず、インターンシップ期（対象は学部3年生以下、修士1年生）には、企業理解系のイベントが効果的です。その時期は、学生にとって〝仕事〟そして〝事業〟というものが漠然としか認識できていません。

**企業理解系**イベントでは前述した通り、クライアント企業を題材に企業の見方（事実の収集の仕方）を学び、加えてそれぞれの学生が自分の望む成長を言語化したうえで、どんな企業が自分にとっての「良い企業」なのかを考えられるようになっていきます。就活は、大多数の学生にとって一生に一度、はじめての体験となるわけで、どう取り組めばいいのか、企業をどう見極めればいいのかがしっかりと分からないうちに就活時期に突入しています。そのようなタイミングでの企業理解系イベントはまさに学生たちが求めているものであり、実際参加者数も参加率も極めて高い実績を残しています。

**業界研究系**イベントは、学生がある程度業界研究・企業研究を進められたタイミング、いわゆるプレ期後半から本選考期初頭〜前半くらいが適しています。

その頃の学生の多くは、ひとつにまで絞り切れておらずともある程度志望する業界をイメージできている状態であり、悩みはむしろ「(同業界の)A社とB社の本質的な違いがよくわからない」ということであることが多いからです。

前述した通り、そのような悩みを抱く段階にある学生にとって、中立で第三者的な立ち位置である専門家がフラットな視点で企業を比較し、それぞれの特徴を解説するようなイベントはまさに自分たちのニーズを捉えています。だからこそ学生自身の中に「自分の判断基準」として強いものが残せているのです。

**自己理解系**イベントは、内定付与後くらいのタイミングが最適です。前述した通り、一部の学生は内定をもらった後も大きな迷いの中にいますし、内定承諾の書面を交わした後でもそのような状態にいるケースも少なくありません。自分らしい決断とは何か、を考える機会は学生がまさにその時期に求めている、ある意味での〝救い〟となります。だからこそイベントに積極的に参加します。今まではその時期、学生は友人や親・親戚、学校のキャリアセンターの指導教授など周囲の大人の意見に耳を傾けてきました。彼らに無く、我々にあるのは新卒採用に関する「専門性」と「実績」です。より強い説得力を持って解説することができます。

# 「講師と学生」から、「先生と生徒」へ

カレッジ型イベントは、同業界内の複数のクライアント企業様のものを運営することもあります。企業の担当者様からは、時に「同じ業界の複数の企業で実施したら、同じ学生に複数のイベントで接触したりすることもあるんじゃないの？　それって大丈夫？」と言われることもあります。実際に、同業の複数の企業のイベントで、同じ学生と顔を合わせるようなシチュエーションはあります。珍しいケースではない、と言っていいでしょう。

しかし、ここで我々が「第三者の専門家」であるという立場、イベントにおいてはクライアント企業に誘導するようなことはせず、フラットな視点で解説していることがプラスに働きます。

同業の複数の企業でフラットに業界を解説し、企業を研究・比較したりすることで、

学生にとって我々の存在は「業界の事情に詳しい新卒採用の専門家」という存在になり、学生と我々の関係性は「第三者と学生」から「先生と生徒」へと変わっていきます。だからこそ解説はより説得力が増しますし、イベントとは関係ない就活の悩みを相談するような関係性になっているのです。

# 第3章

# なぜ、カレッジ型の外部講師イベントが必要・有用といえるのか？

# 「カレッジ型イベント」の特色と価値

## ▼第三者である必要性―〝社員〟は、自社贔屓のバイアスからは完全に逃れられない

学生は就職活動において各社の会社説明会や選考プロセスを通じてそれぞれの特徴や強み・弱みを理解していきます。そして、最終的な決断の局面では、「どちらの企業が安定（もしくは成長）の可能性が高いのか」「どちらが、より自分の望む働き方（もしくはキャリアプラン）が実現できるのか」「どちらが、より良い条件で勤められるのか」というそれぞれの軸に照らして意思決定していきます。

企業は、会社説明会、採用サイト、個別の面談などで自社の特徴や強みなどについてアピールをしています。そうした情報の中には、業界平均や他社との比較をし、説得力を強めようとしているものもあるでしょう。

しかし、実際に内定承諾者・辞退者インタビューなどで学生に話を聞いてみると、そうした情報は**〝自社贔屓のバイアス〟**からはどうしても逃れることができないようです。彼らの多くは、「企業が発信する情報だから、基本的には自社にとっていいことしか伝えていない」と思っています。だからこそ、最終局面で親・友人・知り合いの社会人などの話を聞いて翻意してしまった、というケースが頻発するのです。

そのため、第三者が**客観的な視点から企業を分析したり比較したりして企業の特徴や強みを解説することには意義と説得力**があります。むしろ、そういった類の説明は、第三者こそが語る必要性があるとさえ言ってよいでしょう。

時折、業界の研究や評論をしている方、あるいはアナリスト的な方がご自身の専門領域から見た企業比較、特定の企業に関する強みの解説などをしている情報や媒体を目にすることがあります。客観性や説得力はあるのでしょうが、専門領域観点からの解説なので社会人経験のない学生からするとよくわからないのではないか、と思うこともあります。学生視点に立ち、「就活の企業選びにおいて、学生は何を知りたいのか」

「学生はどんな軸で企業選びをすれば納得して内定承諾するのか」を踏まえた解説が効果的であり、成果に結びつけられるのです。

## 学生と企業との力関係は、内定付与を期に逆転する

選考中は、学生と企業との力関係は企業側がいかにフラットに接しようと努力しても選べる立場にある企業側が有利です。しかし、内定を付与した後はそれが逆転し、承諾するか否かは学生側の選択いかんになります。内定付与後の企業側からのアプローチは基本的に内定承諾を迫るPushのコミュニケーションになりますし、場合によってはコミュニケーションすら取れない状態にもなり得ます。

そのような状況に、**第三者の専門家が学生それぞれのキャリアを考えるという切り口でアプローチを行うのがカレッジ型イベントのプログラム**のいちパターンです。多くの場合、学生は承諾期限ギリギリまで悩みます。自分の選択が適切なのかそうでないのかを、第三者の専門家と一緒に考える機会を、学生は好意的に受け止めてくれて

います。それが、イベントへの高い出席率につながっているのです。

どんなアプローチをかけても学生が「入社へのPush」と警戒されてしまう時期に、外部の第三者を起用することには意義があります。説得をされている感を出さずに、学生はフラットに自分の決断を分析し、自分で意思決定をすることができるのです。

## 企業選びの軸は、学生に委ねるだけではなく提供もするべき

就活にあたって、学生は自己分析をしたうえで〝自分なりの〟軸を設定し、企業選びをしていきます。最近では学部でいえば3年、院で言えば1年の春以降に就活に関するガイダンスを行い、企業の見方や就活の進め方をレクチャーする学校も増えてきましたが、それでも就活を終えた学生へのインタビューでは就活の軸に「安定性」「知名度や企業規模」「成長できるか」「待遇面」「やりたい仕事か否か」という内容を挙げる人が少なくありません。

もちろん、それらの軸自体を否定するつもりはありません。問題なのは、企業側があまりにも学生側に寄り添いすぎてしまい、学生が掲げがちな軸に沿った情報ばかり提供した末に、採用のミスマッチを起こしてしまうことなのです。

もっと言えば、例えば学生が「企業の安定性」を軸としているとして、その安定性をきちんと定義できる人は少なく、多くの場合安定性とは「企業規模（の大きさ）」「知名度（の高さ）」とほぼ同義となっている状態です。「企業規模（の大きさ）」「知名度（の高さ）」とほぼ同義となっている状態の〝何が課題なのか〟それは非常に表面的だという点です。安定性には他にも外部環境（景気や感染症の流行など）の影響度、業績や作っている・扱っている商材の特徴（ビジネスモデルや需要など）などいろいろな面を捉えるべきです。

私たちがカレッジ型イベントを通じて業界や企業の見方を解説したり、自己理解のやり方を教えたり、成長について考える機会を提供しているのは、こうした多面的かつ適切な企業理解や自己理解を促すためなのです。

このあたりの課題は、学生のほとんどが無意識に内定を「ゴール」と考えていることから発生しています。本来、内定は「スタート」であり、社員として入社後に活躍し続けることが本当の「ゴール」であるはずです。

カレッジ型イベントでは、**本当の「ゴール」に向けた企業の見方（≒軸）の解説**をし、学生一人ひとりが求める成長とはどんなものかを考えさせ、その成長の実現のためにはどんな会社（働く環境）を選ぶのが良いのか、を学生自身に判断させる、というプログラムを展開しています。

またそうしたプログラムも、「第三者」「新卒採用の専門家」から解説や説明をするほうが説得力が増すことは同様です。

# 第三者だから、きっぱりとモノが言える

新卒採用における採用競合は系列の全く異なるライバルだけとは限りません。特にＩＴエンジニア、営業職の採用などにおいては、同じグループ内で競合するケースがあるかと思います。そのようなケースで学生は、「両社の違いはどこなのか」「どちらがより優れているのか」「どちらが、より自分にマッチするのか」を知りたいと思っていますが、企業側は忖度や遠慮の気持ちが働いてなかなかきっぱりと自社の優位を伝えることができないこともあるようです。

同グループでなくとも、同業他社比較でも似たような状況があります。一部、忖度も遠慮もなく同業他社を非難して自社に引き寄せようとする人事採用担当もいるようですが、概ねそのような口説き方は学生の志望度を落としがちです。

カレッジ型イベントでは、そのような状況において、**クライアントも採用競合も極**

**めてフラットな視点から比較**します。例えば、企業規模（大手と中堅）による違いの場合。大手は社会的影響力の大きなビッグプロジェクトに関わることができるかもしれませんが、仕事が細分化されている分、個人の貢献実感は薄かったりします。一方、中堅は社会的に広く影響を与えるビッグプロジェクトではなく中規模なプロジェクトが多いかもしれませんが、社員一人ひとりの裁量権が大きく個人の貢献実感が大きかったり、といった比較を行います。そして、学生が「何をしたいのか、自分は何にやりがいを感じるのか」という観点から解説を行います。

カレッジ型イベントでは原則クライアントの人事担当の方には同席いただかない（学生にとっての客観性の担保のため）ことになっていますが、ワーク設計途中のお打ち合わせの中で、講師がどのように説明するのかをお伝えすると「その説明の仕方、取り入れさせてもらっていいですか？」とおっしゃるクライアントの方もいらっしゃるほど、フラットで説得力のある説明には自信があります。

## ▼その他、第三者だからできること・実現すること

クライアント企業の人事担当の方から感心されることについて、もう少し詳しくお話しします。

競合との比較もさることながら、自社の魅力を伝える際も先に述べた「自社贔屓のバイアス」から逃れられないほか、新卒採用担当者は、自らも新卒で自社に入社したという方が多く、他社視点をあまり持っていない傾向があるためか、学生が納得する自社の強み・特徴とは少しズレた説明をしてしまっているケースも存在するようです。第三者視点、学生視点から見て魅力的と思える企業の特徴はあり、それは伝え方の技術の問題でもあり、指摘する事実の問題でもあり、やはり第三者の専門家から伝えるほうがより適切であると考えます。

第三者だからこそ、お客様が気づかなかった勝ちパターンを見つけ出すor負けパターンを克服することができます。これまで**お客様が諦めていたこと**（例えば、採用競合

に対する勝率を上げる、不人気業界ゆえの内定承諾率の低さ克服など）を可能にし、お客様の発想になかった「勝ちパターン」や「負けパターンの克服方法」を見出すことができるのです。

また、これは副産物的なメリットではありますが、お付き合いの長いクライアント企業様については人事異動があるため、現在の人事担当様よりも弊社のほうが長くクライアントの人事業務に関わっているようなケースも存在します。そのようなケースでは、現在の人事業務がどのような流れで構築されてきたかを我々から説明できますので、より本質を理解できた状態で業務に取り組めることもあるようです。

## 学生自身で考えさせる、学生自身に決めさせる

カレッジ型イベントは、基本的に「判断の軸を提供」したり、「フラットな視点から比較」したり、「業界の構造やそれぞれのプレイヤーの役割を説明」したりすることをベースに、学生自身に考えさせ、判断させることを目的としています。このことで、親・友人・知り合いの社会人などと話をしても、**簡単には翻意しない「自分が決めた」という状況を作り出そう**としています。もちろん、そうした周囲の意見も参考にしてよいですが、就活は自分で決めることが大切だと伝えています。他人に言われて流されて決断すると自分で決断していない分、入社後のミスマッチにつながるため、企業だけでなく学生にとっても幸せな結果にならないからです。

カレッジ型イベントの最後では必ず質疑応答を受け付けています。

イベントコンテンツに関係ない質問も受け付けていますので、「自己ＰＲ」「志望動機」などに関する彼らの迷いや不安に関する質問もどんどん寄せられます（自己ＰＲや志望動機に関する私見は後ほど述べます）。30分、時には予定をオーバーして１時間にわたって質疑応答を受け付けることもあります。私は、だいたい一問一答に１分くらいの時間でやり取りをしているので毎回多くの質問を受け付けますが、それらから感じることは「学生は、就活の最も初期的なところから迷っている」ということです。だからこそ、第三者である専門家からの解説・説明が効果的であり、彼らが求めている答えを知っている存在が彼らの迷いを吹き飛ばしてあげることが必要なのです。

# アウトソーシングとコンサルティングの中間的な存在

いわゆるアウトソーシングは、例えばインターンシップの運営をお引き受けするようなマンパワーの提供だと考えます。運営を引き受けるアウトソーサーは発注側の企業の一員として振る舞うことも多いですし、基本的にプログラムの内容など企画部分は企業側が考えたものを実施・運営します。そもそも業界や事業の知識など専門的なノウハウがあまりないアウトソーサーも存在するでしょう。

そしてコンサルティングは、ある程度の専門知識やノウハウを持ち、企画には参画しますがプログラムの運営には関与しないケースがほとんどです。

当社が提供するカレッジ型イベントは、アウトソーシングとコンサルティングの中間的な役割を担っていると考えます。つまり、**業界や事業の知識があり、クライアントの事情に合わせた企画設計を担い、第三者の専門家という立場でイベントの運営**も行います。

また、カレッジ型イベントのリリースから２０２４年現在で２年が経過し、本番イベントの経験もかなり積んできた中で得られたノウハウもどんどんイベント運営に反映し続けています。例えば、学生によりわかりやすい説明の仕方、それぞれのワークに必要な時間の設定、参加学生のレベルに合わせてその場で話し方や伝え方をアレンジする、などといった独特のノウハウが蓄積され応用されています。内輪の話をすれば、リリース当初講師を務めていたのは私のみでしたが、最近では講師を任せられる社員も何人か育ってきました。

企画から運営も引き受け、新卒採用の専門家である立場を活かし就職活動全般に関する学生の悩みにも答えられる。なかなか真似をすることができないサービスを提供していると、自負しています。

# 学生側から見た「カレッジ型イベント」とは

ここまでは、企業側から見たそれぞれの課題とカレッジ型イベントの効果や反応について説明してまいりましたが、学生側はどのように感じたのでしょうか。カレッジ型イベントでは毎回最後に、参加した学生にアンケートの記入をお願いしています。

それらアンケート回答を含む開催報告書をクライアント向けに発行しているので、そのあたりから学生たちがどのようにイベントを受け止めているのか、見てみたいと思います。

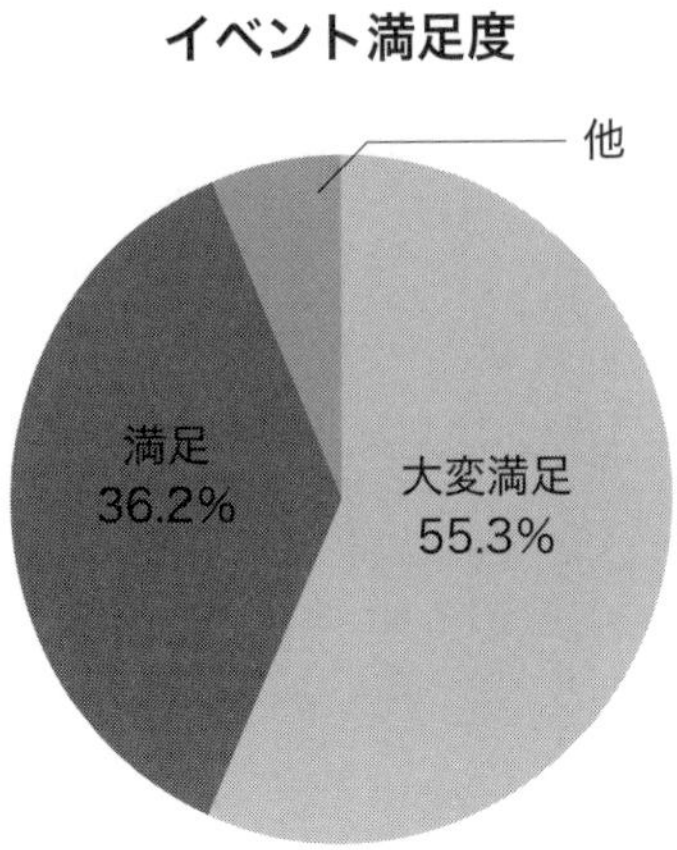


５段階評価中

## ▼実施報告書から学生の受け止め方を見る

まずは、あるSIerの実施報告から要旨を抜粋します。

### 学生の声抜粋

「あいまいだったSIerの系統の違いを理解できた」

「個人ワークおよびグループワークを通して、説明を一方的に聞いた時よりもＩＴコンサルとSIerの違いを深く理解することができた」

「発表に対するフィードバックが丁寧だった。短時間で課題をやり切り、話し合いの

**イベント理解度**

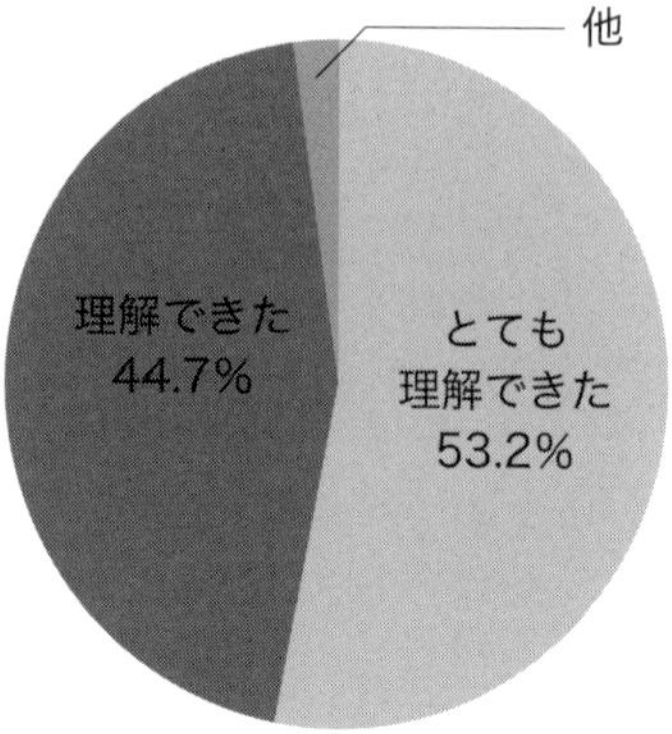


5 段階評価中

結果をまとめる練習ができた」

「今後の就活で参考になる情報を得ることができたのがよかった」

「アウトプットする時間があることが大きかった。この時点でわからない点を洗い出せ、その後解説していただき大変理解できた」

「発表だけで終わらず、しっかり解説をしていただいたので、自分たちの偏見で終わらず、しっかりと知識が定着した」

「講師が、私たち学生の疑問点に真摯に向き合い答えてくれたから。わかりにくいところも丁寧に説明して頂き理解できた」

「講師の方からの一方的な説明のみならず、

初めの個人ワークやグループワークで自分の考えをアウトプットするという作業を行ったため、解説内容をより深く理解することができた」

## 総括

６月というかなり早い時期に実施したこともあり、「今後の就活に活かせる」「話し合いの結果をまとめる練習になった」というコメントがあります。また、一方的な解説だけでもなく、学生側に考えさせるだけでもなく、答えを提示する点に評価が寄せられています。

このイベントからＥＳ提出に至った学生は７割弱、そこからＳＰＩ受験など具体的な選考プロセスに至った学生は９割で、イベントを経ていない学生のＥＳ提出→ＳＰＩ受験の７割を大きく上回りました。

同じくSIerである他社の事例からは、学生の声のみ抜粋します。

〈イベントに「大変満足」と回答した理由〉

「当初の参加目的であった大手SIerと中堅SIerとの違いが明確になっただけでなく、それぞれに所属することで身に付けられるスキルやキャリアの違いまでも理解が深まったため」

「SIer業界に関して、企業による身に着けられるスキルや事業領域の違いについて理解することができたため。また、自身の経験からキャリア形成を改めて考えることができたため」

「（クライアント企業の）SIer業界での立ち位置や特徴を理解することができました」

「限られた時間の中で、ワークもあり主体的に取り組むことで自分を見つめなおす機会を得られたから」

「自分の軸を再確認できたため」

「自分自身で深掘りしきれていなかった価値観に気づくことができたから。自身の体験をもとに、外部の方の目線で評価をしてもらうことで、より自分自身の考え方に対する理解が深まった」

**総括**

先にご紹介した企業もそうなのですが、学生からのコメントに「クライアント企業に対する理解が深まった」「クライアント企業の好感度が高まった」といようなコメントよりも、「業界理解が深まった」「大手と中堅の違いが分かった」「軸を確かめられた」といったコメントのほうが多いことがこのイベントの特徴を如実に表しています。

また、外部の講師が運営や解説を行っていることも、満足度の高さや自分が理解したことへの納得度の高さに結びついていることが確認できます。

## Q&Aで知る学生の考えと、採用担当者への返答のヒント

### ▼イベント終盤の〝質疑応答〟から学生の参加状態や悩みポイントを見る

イベント終了後には、質疑応答の時間を取っています。30分が所定の時間ですが、時にはそれを大きく超えて1時間にわたって質問を受け付けることもあります。そして、質疑応答ではこのイベントに関係がない質問も受け付けています。

そのあたりが、第三者であり新卒採用の専門家が運営をし講師を務めているイベントのポイントです。質疑応答を見れば、どのような期待で学生がイベントに参加し、イベントをどのように受け止めているかが見えてくると思います。

**Q：迷っている場合、内定承諾の期間をどう考えればいいか？**

A：法的拘束力はないが、内定承諾後の辞退は人としてしてほしくない。社会人になって、ルールを作る側に回るため、嘘をついて内定承諾してほしくない。承諾期限を企業と交渉する。自分の評価を高く見てくれていれば受け入れてくれるはず。

**Q：人や風土は正直ＯＢＯＧにどれだけ聞いても分からない。人の魅力で入社して合わなかったら、それで終わり。お金なら裏切らないと考えるがどうか？**

A：最近だと初任給を上げている企業が多いが、給与はあくまで成果を出した対価としてもらえるものだと認識してほしい。

さらに初任給だけではなく、さらにもっと長いスパンでキャリアを考えていかないといけない。

どう評価され、どのように給与が上がっていくのかが重要だと思う。

そこでアドバイスとしては「人・風土」だけではなく、「事業・仕事」を正しく捉えないとミスマッチを起こし、早期離職に繋がるので「事業・仕事」はしっかりと見るべき。

**Q：中堅に向いていると言ってもらった点は腑に落ちるが、次のキャリアや転職を考えるときにそれでいいのか？　と悩んでいる。**

A：今後の動向として、オペレーション業務はAIに取って代わられる。そのため、より細分化された専門性が重要になってくる。（例：河本の場合、人材採用コンサルタントのなかでも、組織人事の新卒採用領域特化であるのと同じ）業界を全部知るのは難しいため、絞って専門性を身に付けていくと、市場価値の高い人材になれる。あなたの場合、ご自身のブランドの概念を定義し直すこと。知名度や名前がある方がいいと思いがちだが、企業ブランドよりも個人ブランドで食べていけるかどうかが今後重要になる。

**Q：顧客企業の業務を横断できる業務（ERP）をやりたい。これができるかどうかを大事に考えている。入社までに企業側にやりたいと思う意志をどう伝えて立ち回り**

**していったらいいか。**

A：本気度合いをアピールすること（資格を取る・勉強をする）。企業は全体最適のため、絶対に希望が通るとは言えない。できなくてもすぐ諦めるのではなく、いずれERPをやるとして第二・三志望まで考えておくこと。

**Q：ITコンサル会社とSIer の違いとは？**

A：ITコンサル：上流工程のみを行う。その他外注が多い。大手Sierの働き方と似ている。どこで勝負したいかによるため、市場価値はどちらが上下はない。みなさんがどちらをやりたいのか？　マネジメント・ものづくりどちらの志向性があるか？

**Q：現場の理解を深めてからマネジメントをしたい、とまでは決めている。だが「どんな事業に携わりたいか」と聞かれてもまだ答えられなかった。その企業とはミスマッチなのか？　考えておくべきなのか？**

Ａ：その質問はおそらく合否には関係ないため「まだわからない、見えていない」の回答でもいい。「そこまで考えているのかな？」と企業側は疑問に思って聞いているだけ。

**Ｑ：面接での志望理由の伝え方は？**

Ａ：自己ＰＲ：企業側は、能力ではなく、長い自己紹介をしてほしいと思っている。自分の価値観を作っている体験（原体験）を伝えると分かりやすい。

志望動機：企業側は、会社のどの魅力に共感しているかを聞きたいが、学生は第一志望理由を答えようとする。河本なら「御業界に惹かれた理由は〜。まだ分からないこともあるから教えてもらえませんか？」と逆質問する。

志望度と優秀かどうかは比例しない。最終面接までいったら、企業の魅力を自分の原体験と紐づける必要があると思うが、初期段階ではそれまではいらない。

**Ｑ：最終面接の突破の仕方は？　自分としては、志望度の高さが重要だと思っている。どうすれば志望動機の差別化が図れて魅力的に見えるか？**

Ａ：志望度の伝え方

・企業の魅力を自分がどう捉えたのか？

・原体験とどのように紐づくか？

・個社ならではの魅力であるか？

役員面接は総合評価が多い。意思確認か落とす面接かは企業によるが、志望度の影響は10％程度と考えてよい。

考え方によるが、河本は企業に媚びる必要はないと考える。本当に能力が高ければ、志望度が低くても企業側が志望度を高めるためのコミュニケーションをしてくる。受からなくて落ち込む人がいるが、その必要はない。落ちたらその企業に合わなかっただけ。自分がダメだったわけではない。

内定をたくさんもらうことは大事ではない。たくさん得ようとすると、自分の事を盛ったり嘘をつくことになる。就活は結婚の考え方と近い。最終的に1つしか決められないし、嘘をついたらお互いが不幸になる。
運命の会社はあるはず。不安に思わず自分を偽らずに就活を楽しむこと。面接に落ちて落ち込むのはもったいない。「ダメ」ではなく、「うちの会社には合わない」と言われているだけ。

**Q：自分の強みを見つけるために意識したこと、ターニングポイントは？**

A：一万時間の法則。それが約5年間であるから、すぐ転職するのではなく5年は頑張ってほしい。
Mustをしっかりやると、Canが増えていってWillがいつかできるようになる。Canを研ぎ澄ます瞬間がいつか来る。その時に、自分のCanが同期や周りと比べてオンリーワンのものなのかどうか。もしそうでなければ、それを作っていくことをする。

いかがでしょうか。
まず言えるのは、ほとんどが「企業の会社説明会や個別面談では出てこない質問」

であり、「『第三者』の『専門家』だから、学生が聞いている質問」であることがお分かりいただけたのではないでしょうか。また、学生側もイベントの特徴をよく理解し、素直な態度で参加していることも伝わるのではないかと思います。

客観性・第三者的なイベントであることを担保するために、イベントへの企業の担当者様の参加は原則ご遠慮いただいておりますが、このように学生の本音－「本当は何に迷っているのか」を知ることは実施報告を通じて可能です。そういった情報も、人事担当者様が学生と接するうえでプラスに働くのではないか、と考えています。

# 第4章

# 新卒採用のプロだから
# 答えられる
# 「人事部の悩み」

# 新卒採用コンサルタントからの提言

新卒採用の早期化・通年化、加えて今ではオンラインイベントや選考実施の浸透など、就職活動は10年前と比べると大きく様変わりしました。インターネット上でボタンひとつでエントリーすることが出来るようになったのは今にはじまったことではありませんが、オンラインの浸透やスマホの普及で、そのエントリーの〝重さ〟は以前とは比較のしようもないほど軽くなっているでしょう。

だからこそ、私は新卒採用シーンにおけるいくつかの常識を今こそ変えていくべきだと考えています。

## ▼「志望動機」は、学生と一緒に育てていくもの

特に早期段階のイベントや選考において、ワンクリックでエントリーできる学生たちが語るもっともらしい志望動機に、どれほどの意味があるでしょうか。彼らの多くは「何となく気になったから」「気になる業界の企業だから」「有名な企業だから」程度の動機でエントリーしているのが本音です。

そして、特に早期段階で学生が負担を感じているのが、「もっともらしい志望動機を作ること」についてです。それは、他の章で紹介している、イベントの最後での質疑応答でも実際に学生の声として出てきています。人事担当の皆様が思っている以上に、この志望動機をどう「作る」か、は学生の悩みの種になっています。

本当の志望動機とは、**「（企業の事業や仕事に対する）共感」**である、と私は考えます。就活を通じて企業や仕事を知り、そこに魅力や「自分ならこんなキャリアを描けそう」という期待を感じ、それが入社したいと思えるほどの志望動機となっていくの

です。

志望動機はその学生が優秀か否かを反映しません。志望動機は、企業と学生が一緒に育てていくものと考え、確認するにしても最終面接前後くらいで確かめる、くらいの位置づけにしてしまうのはいかがでしょうか。

「志望動機は聞きません」と媒体で告知してしまうのも、学生に与えるインパクトは大きいと思います。特に採用に苦労している比較的学生に人気のない業界ほど、母集団形成に影響を与えられると考えます。

# 選考時の心得

## ▼「自己ＰＲ」は、ちょっと長い自己紹介くらいの位置づけで

いわゆる「ガクチカ」を含む「自己ＰＲ」も、就活において学生を悩ませ負担になっているテーマです。人事担当の皆様、目の前に座っている学生が「サークル活動で主将を務めた経験」を語ったとして、本当にその学生にリーダーシップが備わっていると１００％信じ込むことができるでしょうか。

そして皆様が自己ＰＲで本当に聞きたいのは、その学生がどんな人柄で、どんな経験をしてどんな価値観を持つようになったか、ということではないでしょうか。

当社の採用においては、自己PRは聞かず学生が今の自分の価値観形成に影響した**「原体験」を聞く**ようにしています。誰にでも、必ずターニングポイントはあるものです。そこで何を学び、どう感じたかの方が学生は素直に話せますし、そのほうがありのままの自分を出すことができます。面接をはじめとした学生とのコミュニケーションにおいては、「これをしなければいけない」という固定観念から離れて、お互いが本質的に理解し合えるには何をすべきか、と考えてみるのはどうでしょうか。

## ▼逆質問や、他社選考状況のヒアリングについて

選考をする企業側は、「聞きたいことはすべて聞いてもらって、すっきりとした状態で選考を進んでほしい」くらいの想いで、面接の最後にいわゆる〝逆質問〟の時間を設けていると思います。当社の新卒採用においても同様で、逆質問の時間、そして「最後に何かありますか?」と学生に問いかけ、選考に関係なく学生が聞きたいことを自由に質問できるよう促し、納得して面接を終えられるようにしています。

しかし、この逆質問、学生によってはプレッシャーに感じていることもあります。そして、選考に関係あるコミュニケーションだと思い込み、「気の利いた質問をしないと」と事前に頭を捻り、質問を考える時間を取るという実態に繋がっています。

もし貴社が、前述したような「疑問を解消して、すっきりした状態で選考を進んでほしい」という意図で逆質問の時間を設けているのであれば、そのことを（できれば事前に）学生にしっかりと伝え、学生側が構えて対処をしてしまうような状況を排除し、**本音でコミュニケーションを取れる機会**にすることをお勧めします。

また、最終面接前後くらいの選考終盤では、学生に他社の選考状況をヒアリングすることもあるかと思いますが、これはもう学生側の立場に立って考えてみれば警戒してしまうコミュニケーションで、本当のことを言っていいのかどうかとすべての学生が悩んでいる、と言っても過言ではないと思います。一方人事側の立場に立っても、このヒアリングはきれいごとばかりではなく、本当に自社に来てくれるのか、自社に来てくれる可能性はどれくらいなのかを採用競合との比較で見極めたい、という想いがあるでしょう。

この点も結局のところ、お互いが本音でコミュニケーションを取れる状況をつくるのが良いと考えます。弊社では、次のように伝えてヒアリングしています。

「弊社は、他社の選考の状況をお伺いしています。それは選考には関係なく、今後、あなたと弊社で相互理解・相思相愛の関係性を目指す中での情報提供、イベント等の案内をさせていただきたいからです。

例えば業界を絞って受けている方には業界内での弊社の特徴をお伝えしたいですし、逆に業界を絞っていない方には他業界と弊社の業界の違いをご理解いただきたいと思っています」

学生に聞きたいこと、学生とコミュニケーションを図りたい話題がある場合は、なぜそれを聞きたいのか、聞くことでどのような状況を伝えたいのか、目的をしっかりと伝えることが大事です。

# 学生たちの心情も思いはかる

## ▼100%満足・納得の内定承諾は、ない

課題のない企業が存在しないのと同様、学生が100%満足・納得してする内定承諾はない、と私は考えます。この**「100%の満足はない」という現実は、企業側こそがしっかりと理解すべきこと**です。もっと言えば、払拭しきれない〝懸念〟はあると考え、それを隠したりごまかしたりせず、学生が〝懸念〟を納得し、〝懸念〟以外の貴社の魅力にひかれて入社を希望する状態を作るべきです。それが、入社後のミスマッチを防ぐことにつながるからです。

内定承諾における学生の心理をイメージして、いくつか例示してみます。

「配属の職種が確定じゃないのが懸念点だけど、まあこの会社ならどこに行っても仕事を楽しむことが出来るだろう」
「給与が競合と比べて低いのは確かだけど、その分周囲と協力しながら仕事ができるスタイルで自分に合っているだろう」
「ハードワークであることは否めないけど、その分早く成長できるだろう」

学生の素直な心理はだいたいこんなものです。マイナスはどの企業にもあり、内定承諾はそのマイナスを超える魅力があったり、共感があったりすることで現実の入社に結びつくのです。マイナスが魅力を超えるようなら、また他社の魅力とマイナスのバランスのほうが自社よりも上回るなら、内定辞退や承諾後の辞退に結びつきます。
だからこそ、自社の勝ちパターン・負けパターン、そして入社を阻害している要因を正しく把握しておくことが必要なのです。就活、企業側から見れば採用活動は、プロセスを通じてポジティブに学生の態度変容を促していくものであり、プラスの魅力を深く学生に理解していってもらうものなのです。

そういう意味では、学生が貴社の〝懸念点〟〝マイナスポイント〟を認知せず、良いところだけを見て貴社の「ファン」のような状態になって入社してくる状況は、入社後の定着や活躍を考えるとあまり良い状況ではありません。そのような状況ならば、**あえてマイナス面を見せる、現実を見せるといったアクションで学生の覚悟・納得を引き出すことが必要**だと思います。１００％の満足はなく、「51：49」で魅力が懸念や不安を上回れば貴社への入社を決断する。そのくらいの認識が現実的でしょう。

# 企業側の責任、できること

## ▼金太郎飴状態は、企業側の責任を考えるべき

人事担当の方から良く出る話のひとつに「どの学生からも、同じような話しか出てこない」という状態は、企業側の責任と考えたほうが良いと思います。

例えば一部の先輩やキャリアセンター、新卒紹介の企業が学生に対して「自己PRは何をしてきたかを定量的にアピールするのが良い」とか「チームで手掛けたことをアピールするべき」などといった一部の偏った意見（私見ともいうべき）HowToを学生に押し付けている状況があることも併せて考えなければなりませんが、何の働きかけもないまま面接に臨んだ場合、学生側は前述したようなテンプレアピールしかしてこない状況となり、まさに「同じような話しか出てこない」状態になるわけです。

そこに、例えば先に例示した「志望動機は聞きません、自己ＰＲとして『今の自分の価値観に影響を与えた出来事』を聞かせてください」と、媒体などで大々的にアピールしたらどうなるでしょうか。

ある学生は、深く尊敬する先生の教えを語るかもしれません。海外留学でのカルチャーショックを語る学生もいるでしょう。武道やサークルで培った忍耐の大事さを語る学生もいるかもしれません。こんな話ができる面接のほうが、学生の本当の姿が見えてくるのではないでしょうか。

## ▼面談と面接はきちんと分けるべき理由

現実として、選考に関係ない面談と称しながら蓋を開けてみると選考だった、というケースは存在します。このことは学生側にも薄々認識されてしまっていますし、ゆえに学生は企業接点では常に警戒してなかなか本音を話しません。

面談と称して面接、というスタンスそのものに対する疑問もありますが、本当の問題は学生と本音でコミュニケーションが取れる機会を逸しているところにあると私は考えます。

どれだけフラットに接しようと、人事担当者は学生にとって「その会社の社員」であるというバイアスからは逃れられないのは確かです。しかし、**学生の立場に立って、その学生のためにアドバイスをしようとする人事担当の皆様のスタンスは、しっかりと学生にも伝わっています。**内定承諾者・辞退者インタビューでの学生からのコメントで、「人事の方がフラットに、自分の立場に立って相談に乗ってくれたことに好感を持った」といった内容は承諾者からも辞退者からも多く出てきます。

面談、という「選考に関係ないコミュニケーションの機会」を、もっと大切に考えるべきだと私は考えます。

# 人の良さでの〝マッチング〟は、双方を不幸にする

## ▼「人の良さで決めました」ばかりが承諾理由の企業は、危機感を持つべき

「社員の人柄の良さ」「社員の雰囲気が自分と合っていた」という内定承諾の理由を挙げる学生が、非常に多いのは確かです。学生側がそう思うのは良いとして、企業側はそれで安心していてはいけないのではないか、と私は思います。

人の良さだけで、仕事や事業などへの共感・好感が薄い学生は、入社後厳しい局面に立たされた時に踏ん張りがきかないことが多いです。「何で自分がこんなことをしなければいけないのか」という想いになりがちです。また、選考中に会う社員は、たいていの場合社内でも選りすぐりの人材であることが多いですが、入社後はそれ以外

の社員との接点の方が多くなるケースもあるでしょう。

また入社後の仕事においては他社人材との接点も生じます。「本当に自分に合うのはこういう人たちだ」「自分の成長を考えると、こういう人たちと一緒に働くべきではないか」と考えてしまうケースも完全に排除はできないでしょう。

もちろん、人材に対する好感が入社の後押しとなることは悪いことではありません。それだけに頼るのではなく、仕事や事業、理念やスタンスなど、貴社の普遍的な魅力で惹き付けることも、必要だということです。

## ▼〝求める人物像〟を学生にアピールすることについて

〝求める人物像〟を設定することは「志向性（○○したい人、○○が好きな人）」を持つ学生に対しては有効なので推奨しています。一方、「△△力」などの能力を求めることには反対しています。

確かに、社内で活躍している人材の特徴には共通点が存在しているケースも多いですし、好みや相性ではなく一定の基準で選考を行うために、〝求める人物像〟を設定することには意味がある、という考え方もあると思います。

ただ弊社では、〝求める人物像〟を媒体や説明会などで伝えることはほとんどありません（求める人物像設計が必要となるケースもあります）。「△△力」などの能力として伝えることはありません。その理由として、「皆さんに〝自分でない誰か〟を演じてほしくないから」と伝えています。

学生の多くは内定を得ることが目的となった瞬間に求める人物像を演じようとします。

さらにいうと自分にその能力があるかどうかは学生自身にもわからないのです。だからこそ、「志向性（○○したい人、○○が好きな人」と表現することで学生自身はその志向性を持っているかどうか自分で判断できます。結果的に自分に合うと捉えて選考に進んでくれるのです。今までの延長戦上で多くの企業が「△△力」などの能力面を説明会などで伝えていますが、その今までのやり方を見直し、戦略性のある意味のある採用活動を行っていただきたいです。

# 第5章

# カレッジ型イベント導入ステップ

# カレッジ型イベント実施に向けたステップ

この章では、カレッジ型イベントの実施までの手順を大まかに説明していきます。カレッジ型イベント実施に向けたステップの紹介ですが、本質的には新卒採用活動のブラッシュアップとしても使えるものだと考えています。

## ▼勝ちパターン・負けパターン、入社を阻害する要因の整理と認識

勝ちパターン負けパターン、そして入社を阻害する要因の整理を行います。暗黙知になってしまっていること、わかっていて見ないようにしていたことを、言語化してきちんと認識することから始めていきます。

## ▼勝ちパターン・負けパターンを整理・分析すること

まずその企業の採用における勝ちパターン・負けパターンを整理・分析します。勝ちパターン・負けパターンの整理・分析にあたっては、我々が長年の経験をもとに想定できる勝因・敗因をクライアントに投げかけ、適切か否かを考えていただくところからスタートしますが、それらをドキュメントに落とし整理する段階では「（学生の）入社を阻害している理由」というタイトルで整理します。

阻害理由には、採用担当者もわかっていながら見て見ぬふりをしているもの、業界（企業）の一員であるからこそ気づけていないもの、事実とは異なるものの学生の先入観を払拭できていないもの、などがあります。先入観は業界全体に対するもの、そして個別の企業に対するものがそれぞれ存在します。いくつか例をあげましょう。

〈建材メーカー・商社業界〉

・保守的な価値観が残っているイメージ
・有形商品を扱っているため自分自身の付加価値を出しづらい（価格勝負）イメージ
・働き方に柔軟性がない（お客様次第）イメージ
・体力仕事、ブルーカラーイメージ
・3K＋新3K（給与・休暇・希望）
・取り扱い商品の幅が広く大変なイメージ
・建築の知識を身につけなければいけないというイメージ

〈通信業界〉

・成熟産業のイメージ。インフラは既に浸透しており、飽和状態にあるイメージ
・地味なイメージ。何をやっているのかがわかりづらい
・情報通信（ＩＴ）業界の中でも、固定回線時代からの古いイメージが払拭できていない
・アプリケーションエンジニアなどと比べると、キャリアの幅が狭くなるという先入観がつきまといがち

〈生命保険業界〉

・少子高齢化による市場の飽和感
・個人を相手に営業するため、（損保と比べても）泥臭いイメージ

・ノルマの厳しさ、職域営業のイメージのようなアナログさ
・転勤が多いイメージ
・キャリアが狭まるイメージ

**〈外食業界〉**
・長時間労働、休みも取りづらく、体力的にきついイメージ
・夜勤を含むシフト制で、生活のリズムやワークライフバランスが整わなそう
・給料が安いイメージ
・将来選択できるキャリアの幅が狭いイメージ
・労働集約的でアルバイトの延長線上のようなイメージ
・クレーム対応が多いイメージ

**〈ホテル業界〉**

・長時間労働、夜勤もあり体力的に厳しいイメージ
・シフト制でワークライフバランスが取りづらいイメージ
・負荷のわりに給与が低いイメージ
・将来選択できるキャリアの幅が狭いイメージ
・クレーム対応が多いイメージ

ざっといくつかの業界に付きまといがちなイメージをまとめました。

イメージの中には、その通り当てはまるもの、クライアント企業としてそのような〝課題〟を認識し、企業努力により解決に成功しているものもあります。例えば、ある外食産業かつホテルも運営している企業に関しては、労働時間の問題やシフト制に伴う負担については充分解決できています。

一方、事業や業務の性質上、どうしても根本的な解決ができない〝課題〟も存在します。

しかし、考えてみてください。世の中に、誰が見ても〝課題〟が一切ない業界・会社などあるのでしょうか。どの業界、どの企業であっても、何らかの〝課題〟や学生が社員としてぶつかることになる壁、難しさのようなものは存在するものです。

大事なのは、学生が感じている入社を阻害している理由は何なのかを正しく把握し、それが先入観や誤解で払拭できるものは払拭し、払拭しがたい事実なのであるならば、そのマイナスを学生が受け入れてくれるような自社・業界の魅力ややりがい、学生が入社を決断するに足る希望を持てる情報や解説を提供することなのです。

そして、カレッジ型イベントではプログラムを通じてそのようなものを提供しています。

## ▼現状実施している施策が、入社を阻害する要因の克服に効果を発揮しているか検討

次に、現状で実施している施策、インターンシップやその告知のための媒体からはじまり選考プロセス、内定付与とそのフォローに至るまでの施策が阻害要因の克服につながっているかを検討します。

多くの場合、採用における施策は自社の良いところを伝えることに終始しています。しかし、内定辞退あるいは選考プロセスの離脱という現実は、入社を阻害する要因から生じています。そして入社を阻害する要因は選考プロセスの後半になればなるほど、覆しにくくなります。

ですから、阻害要因の克服をどのタイミングで行うかを考えることも、非常に重要と言えます。

例えば、激務イメージが阻害要因のひとつとなっているある企業では、現場配属型のインターンシップを通じて仕事の現実を学生に見せることで、「激務→社員一人ひとりのこだわりやマルチタスクを若いうちから取り組むことによる成長」と変換させ

ることに成功しています。

### ▼強みの強化か、弱みの克服かを考えて決定

直前の例のように施策によって弱み（阻害要因）を克服するか、強みをさらに強化するかを考え、カレッジ型イベントの実施を含めた施策全体を検討していきます。どちらかと言うと、弱みの克服にカレッジ型イベントを当てるケースが多いです。強みを伸ばすケースは、企業理解型のイベントで自社のビジネスモデルの強みをアピールするケースなどがあります。

どんな入社阻害の壁を、どんな施策で乗り越えるのかを決定し、実際に活動を行っていきます。

## イベントを通じてわかった大手企業ならではの悩み

次に、そもそもイベント設計段階では想定していなかった、イベントの効果について少しお話します。

最近、誰もが名前を知る大手メーカーで３つのタイプのイベントを実施しました。クライアントの知名度もあり、それぞれ１５０枠用意した参加枠はあっという間に埋まりました。しかし、ふたを開けてみれば実際に参加した学生が１００人を超えた回はなく、参加した学生のレベル的にもワークがうまく回らない状態でした。

つまり、大手企業の採用活動は母集団形成にこそ苦労はしないものの、必ずしも質がそれに伴っているわけではないということを感じました。

カレッジ型イベントは受け身で話を聞いているだけではなく、自分の頭で考えて自分の想いや考えを整理する、それなりに学生にも負荷がかかるイベントです。そのこともあり、カレッジ型イベントは学生のスクリーニングにも有効、ということを発見しました。

## ▼ワンクリックエントリー時代の学生の現実

今やワンクリックでエントリーができるような時代になりました。そんな時代を象徴するような、カレッジ型イベントでの出来事を紹介します。

ある学生が、自己理解系のイベントで自分の回答をつくるためにChatGPTを使いました。そして、そのことを悪びれずに「ChatGPTによると……」と説明しました。良くも悪くも、今はそういう時代なのです。皆様も、大学の論文制作にChatGPTを使って問題になった、という話を聞いたことがあると思います。彼らにとって、Googleで検索をするのもChatGPTを使うのも同様のことで、「何がいけないの?」という感覚なのです。

本来は親や学校が教えることなのでしょうが、自分で考えることの重要性を伝えることも、採用上のコミュニケーションでは考えていかないといけないのかもしれません。

この点においても、テンプレ回答では答えられない「志望動機は聞きません、自己PRとして『今の自分の価値観に影響を与えた出来事』を聞かせてください」のようなアプローチは有効だと考えています。

# 終章

# 「カレッジ型イベント」をより効果的にするために

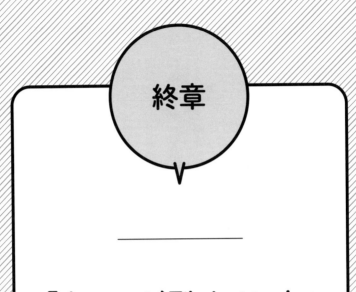

## 「カレッジ型イベント」はいち施策。普段の活動・姿勢が基本となる

新卒採用のための、どのような手段（インターンシップ、媒体での広報、説明会、面接……）であっても実施すればすべて問題解決などということはありえません。それは、カレッジ型イベントでも同様です。思うように効果を発揮できなかったケースを2つほど紹介します。

### ▼ケース1：自社の魅力を整理できておらず、媒体などで魅力があまり伝わっていなかった場合

1つ目は、IT業界、独立系SIerであるお客様のケースでした。お客様には内定承諾率を上げたい、採用人数の目標を達成したいというニーズがあったため、カレッ

ジ型イベントの実施を決断いただきました。実施したのは業界研究系のイベントでした。

しかし、残念ながら内定承諾率は例年通りでした。その理由を学生の声などから探ったところ、ＩＴ業界・独立系SIerで働くことへの理解や業界の魅力は伝えられていたものの、お客様企業の魅力が伝わっておらず、志望度が上がっていない状態で選考後半でのイベント参加、という状況になっていたようでした。

新卒採用ナビサイトなども利用されていましたが、独立系SIerであればどこでも言えるメッセージで、採用に関わる社員の方々も自社の魅力を充分に理解しているとは言い難い状態でした。

つまり、カレッジ型イベント実施の前にやるべきことがある状態で、**自社の魅力の整理やその伝え方など、採用活動全体の再設計が必要な状態**であることが、カレッジ型イベントの実施で分かった、ということです。こちらのお客様には、現在自社の魅力の整理やその伝え方を設計する「採用コミュニケーションマップ」というサービスを提案しています。

特に企業ごとの差別化が難しい業界においては、他社では言えない自社の魅力の表現や伝え方を考え、競合ではなく自社を希望する理由を、学生に与えなくてはなりません。そしてその理由は、社員の皆様の人としての魅力以外にも存在するような状態が望ましいです。日々差別化に悩まれている業界の皆様は、ひょっとしたら「そんなことを言われても、難しいよ」とお思いになるかもしれません。ですが、**自社の事業を通じてどんな社会の実現を目指したいか、という〝理念・ビジョン〟は充分自社独自の魅力となり得ます**ので、ぜひ検討してみることをお勧めします。

**▼ケース2：採用活動業務が雑になりがちで、学生と質の高いコミュニケーションが取れていない場合**

2つ目は、あるユーザー系SIer企業でのケースでした。選考直前に学生が競合とお客様企業を比較してセルフスクリーニングを行うことを目的とした業界研究系のアレンジイベント、加えて決断のための自己理解系のイベントを導入いただきました。

イベントは4回実施し、毎回150人以上の学生が集まるなど盛況のうちにイベントを終え、アンケートなどから見る学生の満足度も充分なレベルと判断できるものでした。

しかし、内定承諾率向上という結果に関しては、順調と言えるものではありませんでした。

こちらも原因を探るべくデータを集め、そのプロセスの中ではお客様の担当者と振り返りミーティングなども行いました。そうした働きかけの中で、だんだんと真の原因が見えてきました。

振り返りミーティングにメイン担当の方がなかなか来ない、と思っていたらミーティングの予定を忘れていた。選考中の学生や内定未承諾者について質問しても、正確に把握できていない。日々の業務に追われ、学生一人ひとりの把握や学生とのコミュニケーションができていない状態だった。イベントの実施にあたっては、フォローとして「学生とこのようなコミュニケーションを取ってほしい」とお願いすることがありますが、それも行われていなかったようです。
私見ですが、アウトソーサーを利用し続けている企業には、比較的に人任せで業務がオペレーション化してしまったり、学生とのコミュニケーションが疎かになってしまったりする傾向があるように思えます。

カレッジ型イベントは志望動機を高めたり、学生が自分らしいと思う決断を促したりと、様々な効果を出していますが、私たちはあくまでも第三者の専門家です。学生に自社の魅力を伝え、志望度を高め、入社してほしい気持ちを伝え、学生が何を考えているかを引き出すにあたっての**主役は、人事担当の皆様**なのです。前述したとおり、私たちのイベントでは企業説明会や面接ではなかなか出てこない質問が学生から寄せられるなど、学生の「本音」の一端を引き出せています。それを活かし、学生と質の高いコミュニケーションをとるきっかけとしていただくのはいかがでしょうか。

# 新卒採用とは何か。人事業務や組織に思うこと

人事担当の皆様にお伺いします。一言で言うと、新卒採用にはどんな意義があるとお考えでしょうか。

経営者であり、新卒採用の専門家でもある私は、**「新卒採用は、会社の未来を創る活動である」**と考えています。経営にも近い場所で、今後10年・20年をどんな会社にしたいかというビジョンに基づき、それに必要な人材を採用する。まさに企業の未来を創る仕事ではありませんか。

確かに、新卒採用にかける予算は、具体的にどんな活動を行うかを決める前に決まってしまっていることが多く、予算の追加申請が難しいことも理解はできます。しかし、本当に必要と思う予算なら、あとで後悔するくらいなら、勇気を持って経営に提案し

てはどうか、と私は考えます。

また経営者としての立場でさらに言うなら、経営陣はメンバーたちが提案してきたことは、基本的にポジティブに判断すべきだと考えていますし、実際私自身はそのように振る舞っています。多くの場合、経営陣は人事について「(コストセンターなのに)なんで人を増やせって言うの?　予算を増やせって言うの?」という考えなのだろうと思います。しかし、管理部門において人事は唯一「仕事やメッセージに自分たちの想いを載せられる」部署であり、かつ新卒採用は広報において、「ある特定の世代に対し、ほぼ網羅的に企業メッセージを伝えられる機会」なのです。人事セクションのTOPも経営陣も、本当は新しいことにチャレンジしてみたいと思っているはずです。私は、新卒採用においてチャレンジを行うことこそが、意義も成功の確率も大きいのではないかと考えています。

ただ思うのは、予算をかけると言っても、例えば話題作り・賑やかしのために費やしているとしか思えないイベントや広報も時折見かけますが、それは私個人はお勧めしません。お金をかける前に、まずは対策や全体設計を考えることが重要だと考えます。

それはなぜか……。

インターネットそしてＳＮＳなどのコミュニケーションツールの浸透、スカウト型サービスの一般化などにより、新卒採用のありようがかつての「たくさん集めて、その中から選ぶ」という時代ではなくなっているからです。業界・企業によっては、引き続き母集団形成が最大の課題、というところもあるとは思いますが、大多数の企業にとっては究極の目標は内定承諾率１００％こそがテーマになっているのではないでしょうか。

だからこそ、企業の魅力への共感度や承諾理由にこだわるべきであり、その実現に向け、前年踏襲から脱却し、意志を持って新しいことにチャレンジしようではありませんか。

また、現状人事セクションのスタッフの多くは「総合職のキャリアの一環」として、人事業務に就いている状態だと思います。だからノウハウが蓄積されず、私たちのような外部の専門家のほうが自社の採用について詳しい、という現象も起こり得るのでしょう。前述したような新卒採用市場の様変わり、市場の高難易度化に対応していくためには、人事は法務や財務と同様の専門職であってしかるべきです。

そして、我々のような外部パートナーのノウハウも有効に引き出していただき、採用をより良いものにしていただきたいと思っています。というのも、日々様々ある皆様のタスクの中でも、重要度が高いものにこそテーマを持って取り組むべきですし、その傾向はＡＩが今以上に普及するであろう未来にはより顕著になるはずだからです。人間は、人間にしかできない仕事を求められるようになっていきます。

内製化は目的ではなく手段であり、人間にしかできない仕事をするために、仕組みであれ、ノウハウであれ、外部の力も有効に使っていただきたいと考えます。

## ▼結局は、人事の皆様の熱意が成否を決める

幸いなことに、これまでカレッジ型イベントの実施において二人三脚で協働いただいた人事担当の皆様のほとんどが、熱意と意欲を持って採用活動に携わっておられたため、承諾率の向上、承諾の質の向上など新卒採用における「効果」を残すことができました。人事という業務は経営にも近く、いわば企業の将来を築く業務なのですから是非とも高い意欲で臨んでいただけたら、と切に願っております。

そのような想いから、最後に私事を含めて皆様にお伝えしたいことをまとめさせていただきます。

# 著者・河本からのメッセージ

## ▼自分のキャリアと、そこから生まれた価値観について

私が入学した高校はいわゆる進学校で、まわりはより良い大学への進学を目指してバリバリと勉強をする生徒ばかりでした。しかし私は彼らと同じような将来を目指すことに疑問を感じてしまい、高校を中退しました。周囲からは「何でせっかくの進学校からドロップアウトするの？」と、疑問や冷笑を受けたことを覚えています。

その後大検を受け、上智大学に進学しました。就活では、周囲が名だたる大手企業を目指したのに対し、私は当時ベンチャーとみなされていたリンクアンドモチベーションへの入社を決めました。ここでも、「何で上智に進学して、ベンチャーを選ぶの？」という疑問や冷笑を、周りから受けていただろうと思います。

5年で独立し、シーズアンドグロースを設立。以来18年間、大手企業から中小企業に至るまであらゆる企業をお客様とし、新卒採用コンサルティングの専門家としてキャリアを重ねてきました。

2018年時点で弊社のお客様の7割が従業員数で3000人以下の企業であり、主に中堅中小規模の企業様の採用のお手伝いをしてきた、と言えると思います。

ドロップアウトの経験、そして独立して以来の経験から、私の中でぶれない価値観としてあるのは、**「中堅中小だからといって、大手に劣るわけではない」**という価値観です。

（大手と比べて）規模が小さいからといって企業の魅力が少ないわけではありません。その企業に魅力や価値があるからこそ、取引先が存在するわけですし企業が存続しているのです。

## ▼まず、「名前負け」から脱却しよう

　例えば、誰もが社名を知っているような企業のグループ会社と打合せをしていると、「やはり、●●（親会社の名前）には勝てないよね」という声がよく上がります。そのような状況で、私は「皆さん、まず名前負けから脱却しましょう」と言っています。繰り返しになりますが、子会社であっても魅力や価値があるからこそ取引先があり、存続しているのです。

「大手がやっていることだからあなた方もやらないと」と、人材サービス企業は良く言います。そんなことはないのです。中堅中小でも、学生を引き付ける魅力があるはずですし、存在価値があるのです。考えてみれば、こうした「大手至上主義」の風潮に風穴を開けたいからこそ、我々はカレッジ型イベントを創出しました。社格や規模だけでは測れない企業の魅力を、これからもアピールするような試みに取り組んでいきたいと思っています。

## 私たちシーズアンドグロースの価値観

弊社には、「大手を担当しているほうが、中堅中小担当よりも格が上」「大手案件のほうが仕事の質も難易度も高い」と考えている社員は一人もいません。企業はそれぞれに魅力や価値があり、それぞれの課題に応じた解決の難易度がある、と考えています。私個人で言えば、むしろ中堅中小企業のほうがやりがいのある案件が多い、とさえ思っています。

弊社は、**「世の中のおかしな常識を変えていく」**をビジョン、**「人の可能性を信じる」を理念**として創業以来掲げています。社員はそうしたビジョンに共感して入社してくれていますし、お付き合いのあるお客様もビジョンに共感してくださる方が多く、我々も高いモチベーションで案件に向き合っています。

お客様のモチベーションと私たちのモチベーションが共鳴し、カレッジ型イベントは昨今新たな展開を見せています。

### ▼カレッジ型イベントの発展形と「パートナーシップ」

あるお客様に対しては、カレッジ型イベントの発展形として、リクルーター研修を実施する運びとなりました。「企業理解系」イベントの応用で、リクルーターの皆様が学生に対して自社の魅力を効果的に伝えられるようになるための研修です。以前はある人材サービス企業のプログラムであるリクルーター研修を行っていましたが、カレッジ型イベントの成功を見て、またカレッジ型イベントにおける企業理解＝自社理解のわかりやすさ・説得力を認めてのことだと思っています。

また別のお客様とは、お客様の求めに応じて普段の会議に参加して、第三者の視点から意見を申し上げる「ミーティングコンサル」を提供しています。弊社は、様々な提案を通じて信頼をいただき、このようなパートナーシップをお客様と結んでいきたいと考えています。

# おわりに

定期的な〝新卒採用〟が、各社横並びに行われるようになって半世紀以上が経っています。

新卒採用のためのコミュニケーション（媒体での広報や説明会・面接など）は、かつての企業情報が辞書のように列記された分厚い冊子からＳＮＳ、ＷＥＢサイト、動画コンテンツなど、大きく様変わりしました。

しかし、**〝コミュニケーション〟の本質**をよくよく見てみると、大きくは変わっていないことがわかります。媒体で言えば、会社概要があり、先輩社員のコメントがあり、仕事内容の説明があり……。面接など直接のコミュニケーションも同様です。志望動機から始まって、自己ＰＲ、ガクチカと続く面接フローが企業・学生双方にとって、いつのまにか共通認識となっているような状態です。

一方、企業側にとっては、インターネットの普及による情報収集の多様化という頭の痛い変化もあります。企業がいくら採用サイトで自社の良い点をアピールしても、現在はＷＥＢ上の様々なサイトから、情報（ネガティブ情報や誤情報でさえ）を、容易に集めることが可能です。

人と人とのコミュニケーションもオンライン化の進行により敷居が下がり、人事がコントロールできない対象（決して悪意のない社員）が自社のネガティブ情報を何気なく学生に伝えるケースも散見されます。

学生にとっても、そうした多様な情報収集が可能な状態は、必ずしも幸せとは言えないかもしれません。情報がありすぎるからかえって迷う、本質的でない情報に惑わされて、「自分らしさ」とかけ離れた決断を下してしまい、結果として入社後に「こんなはずじゃなかった」と退職を決めるケースもあるでしょう。

そう考えてみると、新卒採用は今大きな変革の局面を迎えているのかもしれません。

これだけ多くの情報が氾濫しており、コントロールが効かない状況になっている今、大切なのは**学生一人ひとりが「自分は何をしたいのか」をしっかりと考え、その実現のために最適な企業を選ぶ「軸」を持つことであり、選んだ企業に入社することを「自分で決断する」こと**だと考えます。

「軸」については、例えば欧米などではリクルーティングに関するノウハウや技術を授業で教えたりしているようですが、日本にはまだそれはなく、せいぜい各大学のキャリアセンターの職員の方々がそれぞれの経験に基づいて学生のサポートに尽力されている状態で、体系立ったノウハウが浸透しているとは言い切れません。だからこそ、いまだに、知名度や規模、給与など待遇で入社する企業を決める学生が多いのです。

当社は、〝**人の可能性を信じる**〟という理念、そして〝**世の中のおかしな常識を変えていく**〟というビジョンのもと、本質的な新卒採用活動の実現を目指してサービスを提供してきました。体系化された企業を見るフレームワークを提供し、学生自身が自分のやりたいこと・なりたい姿に基づいた企業選びと決断を促すカレッジ型イベントは、そうした理念・ビジョンを実現するための想いが結実したサービスだと、私は考えています。それだけに、サービス提供直後から成果を出すことができたこと、伴走する人事の皆様にモチベーションを提供できている状態を、誇りに感じています。

ただ、カレッジ型イベントはひとつの手段であり、本質的なゴールは新卒採用を通じて入社した社員が活躍すること、そして社員と企業が共に成長していくことだと考えています。私たちはこれからも、理念とビジョンをベースにし、伴走させていただく担当者様と共に時代に合わせたサービスを追求していきます。

本書を手に取っていただいた方と、新しい出会いがあることを期待しつつ、筆を置かせていただきます。

【著者プロフィール】

**河本英之**（かわもと・ひでゆき）

1981年広島県生まれ。高校3年生時に私立修道高校を中退、翌年大検を取得し、2001年上智大学経済学部経営学科に入学。2005年、株式会社リンクアンドモチベーションに入社。採用戦略から組織人事領域に従事し、大手企業から中小企業まで幅広く600社以上の採用・育成コンサルティングを提供。

2010年7月シーズアンドグロース株式会社を設立。独自かつフルカスタマイズのプログラム作りで、多くの企業の新卒採用と人材育成を支援している。

自社採用においても設立2年目より新卒採用をスタートし、組織づくりを行い、自社を実験台にしながら得たノウハウややり方をお客様に提供している。

著書に『「強い会社」を作るための採用・育成のしくみ～人と組織の可能性を引き出すポテンシャル・マネジメント～』『本質採用～入社後すぐに活躍する人材を"育てる"採用成功のバイブル～』『後継社長のための会社を変える「新卒採用」』(クロスメディア・パブリッシング)などがある。

新卒採用の常識を変えるカレッジ型イベント

2024年4月1日　初版第1刷発行

| | |
|---|---|
| 著者 | 河本英之 |
| 発行者 | 香月 登 |
| 発行所 | 株式会社金風舎<br>〒160-0022 東京都新宿区新宿2丁目4番6号<br>フォーシーズンビルアネックス7階 |
| 編集 | 樽川信也、田中庸一 |
| デザイン | 岡部夏実（Isshiki） |
| 制作 | 株式会社デジカル |
| 印刷・製本 | 昭和情報プロセス株式会社 |

定価はカバーに表示してあります。

落丁・乱丁本はお取り替えいたします。小社までご連絡ください。


ISBN 978-4-910491-15-8　C0034